LA CUISINE DES FÉES
&
Autres Contes Gourmands

Laurence et Gilles Laurendon

Christine Ferber

LA CUISINE DES FÉES

&

Autres Contes Gourmands

Photographies
Bernhard Winkelmann

Mises en scène et illustrations
Philippe Model

chêne

Sommaire

Avant-propos

« — Très joli ! dit Gandalf. Mais je n'ai pas le temps de faire des ronds de fumée ce matin. Je cherche quelqu'un pour prendre part à une aventure que j'arrange, et c'est difficile à trouver.
— Je le crois aisément, dans ces parages ! Nous n'avons que faire d'aventures. Ce ne sont que de vilaines choses, des sources d'ennuis et de désagréments ! Elles vous mettent en retard pour le dîner ! »
(J. R. R. Tolkien, *Bilbo le Hobbit*.)

Ce livre a une histoire. Nous travaillons depuis quelques années à une étude sur les contes gourmands à travers les siècles et les cinq continents. *Peau d'Âne*, *Le Petit Chaperon rouge*, *Le Petit Poucet*, *Jack et le haricot magique*, *Cendrillon*, *La Belle et la Bête*… mais également *Aladin et la lampe merveilleuse*, *Le Lièvre malin*, *Le Coyote* et *Le Serpent à sonnette*, des contes parallèles et lointains, savants ou populaires, venus d'Afrique, d'Océanie, d'Amérique ou d'Asie.

Un jour, à l'occasion d'un goûter d'enfants, nous avons préparé un festin que nous souhaitions digne des fées et inspiré de contes célèbres.

Vous le savez sans doute, les fées sont gourmandes. Autrefois, dans les villages, on avait coutume de leur offrir des gâteaux pour les amadouer, car elles étaient parfois un peu ogresses et n'hésitaient pas à dévorer les enfants. Lors de ces cérémonies collectives, les habitants jetaient leurs offrandes dans des grottes où ils savaient, de source sûre, que les fées demeuraient.

Ce jour-là, pour amadouer nos ogrelets d'enfants, nous leur avons relu des histoires : celle de la bouillie magique qui déborde sans fin de la marmite (et gare à celui qui ne connaît pas la formule rituelle pour l'arrêter) ; celle du bonhomme de pain d'épice qui s'enfuit en courant de la cuisine pour ne pas être mangé ; celle encore de Riquet à la Houppe, dont les petits marmitons, tourne-broches et joyeux chipe-morceaux vivent cachés sous terre dans un mystérieux palais ;

l'aventure de cette jeune fille qui découvrit dans une simple noisette « un carrosse, des chevaux, un cocher et des habits de rêve. » Car il est des régions où Cendrillon n'a pas besoin de citrouille pour se rendre au bal. Et son histoire était déjà contée en Chine, au IXᵉ siècle, longtemps avant Charles Perrault.

Ces contes, venus on ne sait d'où, ont volé de lèvres en lèvres, de pays en pays, et de siècle en siècle.

De mémoire d'écrivain, on n'a jamais vu mourir un conte !

Puis vint le moment tant attendu, celui du goûter. Les enfants étaient affamés et impatients de manger le gâteau qu'ils avaient eux-mêmes préparé.

Un enfant déclara qu'il ne pouvait manger du « gâteau des fées »… « puisqu'elles n'existent pas ! ».

Peter Pan vint à la rescousse. « Toutes les fois qu'un enfant déclare : "Je ne crois pas aux fées", alors l'une d'entre elles tombe raide morte. »

Le garçon engloutit aussitôt son gâteau, et n'en laissa pas une miette. Qui pourrait jamais vivre avec la mort d'une fée sur la conscience ?

À la fin du goûter, les enfants disposèrent sur le coin de la table des tartelettes et des bonbons. C'était « la part des fées ».

Ce livre est donc né de cette après-midi gourmande et de notre travail autour des contes. Nous avons extrait quelques-uns des plus beaux passages des contes traditionnels qui parlent de festins, de collations et de banquets. Nous nous sommes amusés à en imaginer les recettes. Pour la bonne bouche et le plaisir des mots, nous allions puiser dans de vieux grimoires, comme les fées ou les sorcières du temps jadis, des recettes oubliées du XVIIᵉ ou du XVIIIᵉ siècle.

Magie de l'écriture. Art de la métamorphose. Les recettes de cuisine ont la beauté des contes. Et curieusement, c'est presque à la même époque que l'on se mit à écrire des livres de contes et des recueils de recettes. Comme si les hommes, sentant que le monde des fées s'éloignait d'eux à jamais, avaient éprouvé le besoin de les fixer sur le papier pour l'éternité. Peut-être a-t-on publié des contes et des recettes, comme aujourd'hui on envoie des livres dans l'espace, pour retenir un monde qui s'efface peu à peu, à la façon furtive et mystérieuse du Chat de Chester !

Puis un jour, notre amie Christine Ferber, « la fée des confitures », nous a rejoints, a métamorphosé les recettes du temps jadis et en a créé de nouvelles. Darioles, massepains, craquelins, croque-en-bouche, oublies se transformèrent en pattes d'ours, doigts de fée à la fleur d'oranger, dents de loup à l'anis, pain perdu aux épices… Les recettes et les contes ont besoin d'être constamment réinventés et réinterprétés pour demeurer vivants.

Puissent les fées penser que nous avons fait là un bel usage de leurs enchantements !

GILLES ET LAURENCE LAURENDON

LA MAISON MAGIQUE

« Lichela-lichelette, qui vient lécher ma maisonnette ? »
« Et j'te grignote et grignotons
Qui me grignote ma maison ? »

DANS LA PLUPART DES CONTES, L'AVENTURE COMMENCE DANS LA MAISON. LA MAISON DES PARENTS, SI CHAUDE ET SI RASSURANTE, MAIS COMBIEN ENNUYEUSE.

Cette maison est le ventre du monde, le lieu où se joue le drame familial. Les héros des contes n'ont qu'une hâte : s'enfuir, quitter au plus vite cet univers oppressant. « Fuir, fuir parole de vivant. » Ils sont nés là, ont grandi là, et voilà qu'un matin un désir irrépressible de s'enfuir s'empare d'eux.

Car pour grandir, nos personnages ont besoin de vivre des aventures, et ils se risquent à voler de leurs propres ailes. Nils Holgersson, le mauvais drôle, profite d'un instant de liberté pour braver les interdits.

« Il pensait à la chance qu'il avait : son père et sa mère partis, il serait tranquille pour quelques heures. " Je vais pouvoir décrocher le fusil de papa et l'essayer une ou deux fois sans que personne s'en mêle ", se disait-il en lui-même. » Et c'est ainsi qu'il rencontre et capture un tomte. Il se retrouve sur le dos d'une oie et va entreprendre un fabuleux voyage à travers la Suède. Il voulait voler de ses propres ailes, le voilà servi !

Pinocchio n'est pas plus tôt transformé en petit garçon, que séance tenante il se sauve de la maison.

Dans les contes, même les êtres inanimés ont une âme vagabonde. Le bonhomme de pain d'épice s'échappe du four dès que la porte s'entrouvre.

« Courez, courez, courez, aussi vite que vous le pourrez, jamais vous ne me rattraperez ! »

De son côté, la galette roule, roule au loin et s'enfuit dans la forêt. « Attrape-moi si tu le peux. »

Kolobok, le petit pain rond des contes russes, ne demande pas mieux que de fuir à son tour. Autant de variations sur un même thème. C'est l'art de la fugue.

Certes, le départ de la maison ne se fait pas toujours sur sa propre initiative. Bilbo n'aurait jamais quitté sa douillette maison de hobbit, si Gandalf le magicien ne l'avait séduit avec ses envoûtants récits d'aventure. Le Petit Poucet et ses frères n'auraient jamais laissé leur chaumière derrière eux si leurs parents n'avaient dû les abandonner dans la forêt à cause de la famine : « Tu vois bien que nous ne pouvons plus nourrir nos enfants, dit le père, le cœur serré de douleur. Je ne saurais les voir mourir de faim devant mes yeux, et je suis résolu de les mener perdre demain au bois. »

Mais comment fuir la maison quand on s'appelle Cendrillon, qu'on est une souillon, pauvre et méprisée de tous ? Comment changer de peau quand on s'appelle Peau d'Âne, la bête hirsute que personne n'ose regarder ?

Heureusement, les fées et les auteurs veillent. La marraine de Cendrillon transforme les souris de la maison en chevaux, les rats en cochers, les lézards en laquais, et la citrouille en un beau carrosse doré.

Si d'une simple bûche, la fée Bleue peut créer un petit garçon, alors tout devient possible. Et le monde est enchanté.

Toutefois, l'aventure a un prix. Et la maison jusqu'alors si accueillante, où il faisait si bon vivre, se transforme bientôt en un lieu inquiétant et dangereux. Pour avoir capturé un tomte, Nils Holgersson se voit rapetisser à la taille d'un être minuscule.

Brimborion, Poucette, Tom Pouce et tous les héros minuscules affrontent alors des périls inconnus. Le moindre petit insecte devient un géant monstrueux.

Ils tremblent de terreur à chaque instant. Tom Pouce tombe dans la pâte à gâteau et manque s'y noyer.

Jeté par la fenêtre, il atterrit dans la bouche d'un meunier qui l'avale par mégarde puis le recrache dans la rivière où un poisson l'engloutit à son tour.

Dans les contes, on ne cesse de manger ou d'être mangé ! Sans doute est-ce pour cela que les scènes principales se déroulent dans la cuisine. Cendrillon pleure au coin de la cheminée. Peau d'Âne y prépare ses gâteaux. Curiosité et gourmandise sont alors deux précieux défauts.

Ainsi donc l'aventure commence dans la maison familiale. Sauf pour la petite fille aux allumettes, qui pour se réchauffer le cœur et l'âme, est obligée de craquer une à une ses allumettes. « Grand-mère, s'écria la petite, emmène-moi. Lorsque l'allumette s'éteindra, je sais que tu n'y seras plus. Tu disparaîtras comme le poêle de fer, comme l'oie rôtie, comme le bel arbre de Noël. »

Et l'auteur de contes, face au froid de la mort, devant la hideur de la vie, craque lui aussi ses petites allumettes : des histoires qui roulent, roulent, et roulent au loin…

Sept d'un coup

JACOB ET WILHELM GRIMM

« De bonne humeur et piquant l'aiguille avec enthousiasme par un beau matin d'été, un petit tailleur était au travail, assis sur sa table devant la fenêtre. Vint une paysanne qui descendait la rue en criant : "À la crème ! À la crème ! À la bonne crème fraîche !" Cet appel chatouilla fort agréablement les oreilles du petit tailleur qui passa sa tête menue par la fenêtre pour l'appeler : "Par ici, ma bonne dame, vous avez amateur !"

La femme grimpa les trois marches qui menaient à la petite échoppe du tailleur avec son lourd panier, qu'elle dut vider complètement pour lui montrer tous les pots qu'elle avait. Il les examinait les uns après les autres, les soupesait, les reniflait d'une oreille attentive et finalement il lui dit : "La crème m'a l'air excellente, ma bonne dame ; vous pouvez m'en mettre quatre demi-onces, bon poids, et même si vous arriviez jusqu'au quart de livre, cela ne ferait rien !" La femme, qui avait pensé avoir trouvé un client pour le tout, lui donna ce qu'il voulait et s'en alla en bougonnant de colère.

— Dieu bénisse cette crème ! s'exclama le petit tailleur gourmand, et qu'elle me donne force et vigueur !

Il tira le pain de l'armoire, s'en coupa une tranche sur toute la grande largeur et la tartina de crème. »

TARTINES À LA CRÈME ÉPAISSE ET CONFITURE DE QUETSCHES

POUR 2 PERSONNES
PRÉPARATION : 20 MINUTES ◆ CUISSON : 30 MINUTES

2 LARGES TRANCHES DE PAIN DE CAMPAGNE
TAILLÉES UN PEU ÉPAISSE
1 POT DE CRÈME FRAÎCHE ÉPAISSE
1 POT DE CONFITURE DE QUETSCHES
POUR LA CONFITURE DE QUETSCHES :
550 G DE QUETSCHES D'ALSACE (500 G NET)
400 G DE SUCRE CRISTALLISÉ
LE JUS DE 1/2 CITRON

• La veille, rincez les quetsches à l'eau fraîche. Coupez-les en deux et ôtez leur noyau. Mélangez-les avec le sucre et le jus du citron et laissez macérer 1 heure.

• Versez cette préparation dans une bassine à confitures et portez à frémissement. Versez dans une terrine, couvrez d'une feuille de papier sulfurisé et réservez au frais une nuit.

• Le jour même, portez cette préparation à ébullition en remuant délicatement et maintenez la cuisson 5 minutes environ, en remuant toujours. Écumez soigneusement. Redonnez un bouillon et vérifiez la nappe. Mettez la confiture en pots et couvrez.

• Faites dorer les tartines sur les deux faces sous le gril du four. Lorsqu'elles sont tièdes, tartinez-les généreusement de crème fraîche épaisse et servez avec la confiture de quetsches.

Peau d'Âne

CHARLES PERRAULT

« —Oui, ma mère, je désire
que Peau d'Âne me fasse
un gâteau, et que, dès
qu'il sera fait, on me l'apporte.
La reine, étonnée de ce nom
bizarre, demanda qui était
cette Peau d'Âne.
— C'est, madame, reprit un de ses
officiers qui par hasard avait vu cette fille,
c'est, dit-il, la plus vilaine bête
après le loup : une noire peau, une crasseuse
qui loge dans votre métairie
et qui garde vos dindons.
—N'importe, dit la reine ; mon fils,
au retour de la chasse, a peut-être mangé
de sa pâtisserie ; c'est une fantaisie de malade ;
en un mot, je veux que Peau d'Âne,
puisque Peau d'Âne il y a, lui fasse
promptement un gâteau. »

LE GÂTEAU
DE PEAU D'ÂNE

POUR 6 PERSONNES (800 G DE PÂTE À BISCUIT)
PRÉPARATION : 30 MINUTES ◆ CUISSON : 50 MINUTES

4 ŒUFS MOYENS (200 G)

150 G D'AMANDES ÉMONDÉES MOULUES

150 G DE SUCRE GLACE

30 G DE BEURRE FONDU TIÈDE

LES BLANCS DE 4 ŒUFS MOYENS (120 G)

20 G DE SUCRE SEMOULE

40 G DE FARINE DE BLÉ

50 G D'ÉCORCE D'ORANGE CONFITE,

COUPÉE EN PETITS DÉS

50 G D'ANGÉLIQUE CONFITE,

COUPÉE EN PETITS MORCEAUX

POUR LA DÉCORATION : 25 G DE SUCRE GLACE

POUR LE MOULE : 30 G DE BEURRE,

30 G DE FARINE DE BLÉ

♦ Beurrez et farinez légèrement un moule à brioche parisienne de 22 cm de diamètre et de 12 cm de hauteur (ou un moule « fantaisie »). Préchauffez le four à 180 °C (th. 6). Tamisez la farine. Faites fondre le beurre dans une petite casserole.

♦ Mettez les œufs, les amandes moulues et le sucre glace dans un bol et montez ce mélange au batteur (vitesse moyenne) jusqu'à obtenir une crème mousseuse jaune pâle.

♦ Versez les blancs d'œufs dans le bol d'un robot ménager, montez-les en neige à l'aide du fouet, en versant le sucre semoule en pluie : ils doivent avoir une consistance ferme.

♦ Versez le beurre fondu dans la préparation aux amandes, ajoutez un tiers des blancs et mélangez doucement à l'aide d'une spatule en bois tout en versant la farine en pluie. Incorporez le reste des blancs, très délicatement pour ne pas les faire retomber.

♦ Versez avec précaution un tiers de cette pâte à biscuit dans le moule, et parsemez la moitié des écorces d'orange et de l'angélique. Couvrez d'une deuxième couche de pâte à biscuit, parsemez encore de fruits confits, puis recouvrez du reste de pâte à biscuit.

♦ Mettez à cuire 50 minutes environ : le gâteau va joliment gonfler. Vérifiez sa cuisson en piquant une lame de couteau : elle doit ressortir sèche.

♦ Démoulez sur une grille. Lorsque le gâteau de Peau d'Âne a refroidi, saupoudrez-le légèrement de sucre glace.

Les Aventures
de
Tom Pouce

P.J. STAHL

« […] Rien n'était si agréable que de voir le petit Tommy chez lui,
au milieu de tous les ustensiles qui servaient à tous ses usages journaliers
[…] tout ce qui n'était pour les autres qu'un joujou étant proportionné
à sa taille. Tom se trouvait avoir pour table, pour verres
et pour assiettes, les tables, les verres et les assiettes avec lesquels
les autres enfants font d'ordinaire la dînette à leur poupée.
Pour tout dire, quoique Tommy eût bon appétit, il mettait six jours à manger
un macaron, car c'était pour lui comme un pain de quatre livres pour un autre… »

« […] Il voulut savoir ce qu'il y avait dans ce grand pot, et il le sut car, se servant
comme d'une échelle d'une fourchette qui était là, parvenu à grimper jusque
sur les bords, son pied glissa, et le papier qui n'était point attaché céda.
Le pot était plein d'une pâte liquide que sa mère avait préparée pour faire
un gâteau. Plaignez notre héros, quoiqu'il fût bien coupable car ce fut la tête la
première qu'il tomba dans cet océan enfariné… »

« […] Il semblerait, en vérité, que le pauvre Tom fut venu au monde pour
être avalé ; car un énorme poisson qui passait par là, l'ayant vu tomber,
le happa au passage et l'avala comme il l'eût fait d'une mouche… »

LES PETITS GÂTEAUX
DE TOM POUCE

POUR 60 GÂTEAUX DE 10 G (590 G DE PÂTE)
PRÉPARATION : 40 MINUTES ♦ CUISSON : 8 À 10 MINUTES

250 G DE FARINE DE BLÉ
190 G DE BEURRE TEMPÉRÉ
125 G DE SUCRE GLACE
25 G DE SUCRE VANILLÉ
1 ŒUF MOYEN (50 G)
1 PINCÉE DE SEL
POUR LA DORURE : 1 PETIT ŒUF
POUR LA DÉCORATION :
100 G DE SUCRE CRISTALLISÉ

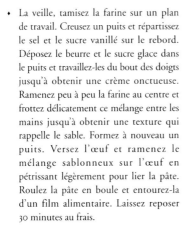

♦ La veille, tamisez la farine sur un plan de travail. Creusez un puits et répartissez le sel et le sucre vanillé sur le rebord. Déposez le beurre et le sucre glace dans le puits et travaillez-les du bout des doigts jusqu'à obtenir une crème onctueuse. Ramenez peu à peu la farine au centre et frottez délicatement ce mélange entre les mains jusqu'à obtenir une texture qui rappelle le sable. Formez à nouveau un puits. Versez l'œuf et ramenez le mélange sablonneux sur l'œuf en pétrissant légèrement pour lier la pâte. Roulez la pâte en boule et entourez-la d'un film alimentaire. Laissez reposer 30 minutes au frais.

♦ Sur le plan de travail légèrement fariné, roulez la pâte en cinq petits boudins de 2 cm de diamètre. À l'aide d'un pinceau, badigeonnez-les d'œuf battu puis roulez-les dans le sucre cristallisé. Laissez durcir au frais jusqu'au lendemain.

♦ Le jour même, préchauffez le four à 180 °C (th. 6). Détaillez les petits boudins en rondelles épaisses de 2 cm. Disposez ces dernières sur une plaque couverte de papier sulfurisé en les espaçant de 4 cm afin que les petits gâteaux ne collent pas entre eux. Faites cuire 8 à 10 minutes environ, jusqu'à ce qu'ils soient dorés et laissez-les refroidir sur la plaque du four.

Le Bonhomme
de
pain d'épice

JIM AYLESWORTH

« Il était une fois un bon vieux et une bonne vieille. Un jour, la bonne vieille dit :
" Et si nous faisions un bonhomme de pain d'épice ? "
" Bonne idée ! " répondit le bon vieux. Et ils se mirent aussitôt au travail.
Ils pétrirent la pâte, l'étalèrent au rouleau à pâtisserie, modelèrent les petits bras,
modelèrent les petites jambes, modelèrent enfin la petite tête.
Avec des raisins secs, ils firent deux petits yeux, un petit nez et une petite bouche.
Puis, avec du sucre glace ils fabriquèrent un petit costume plein de fantaisie.
Quand tout fut prêt, ils mirent au four ce bonhomme de pain d'épice et attendirent.
Une délicieuse odeur les avertit peu après que le petit bonhomme était cuit.
Mais à peine avaient-ils ouvert la porte du four
que le bonhomme
de pain d'épice bondit
et s'échappa
à toutes jambes. »

LES PETITS BONSHOMMES EN PAIN D'ÉPICE

POUR 20 PETITS BONSHOMMES (500 G DE PÂTE DE MIEL)
PRÉPARATION : 40 MINUTES ◆ CUISSON : 8 À 10 MINUTES

250 G DE MIEL DE SAPIN

200 G DE FARINE DE BLÉ

50 G DE FARINE DE SEIGLE

3 POINTES DE COUTEAU DE ZESTE D'ORANGE
NON TRAITÉE, FINEMENT RÂPÉ

3 POINTES DE COUTEAU DE ZESTE DE CITRON
NON TRAITÉ, FINEMENT RÂPÉ

5 G D'ÉPICES À PAIN D'ÉPICE MOULUES

1 POINTE DE COUTEAU DE CANNELLE MOULUE

1 POINTE DE COUTEAU DE CARDAMOME MOULUE

2,5 G DE BICARBONATE D'AMMONIUM
(EN PHARMACIE)

2,5 G DE CARBONATE DE POTASSIUM
(EN PHARMACIE)

LE JAUNE DE 1 ŒUF MOYEN (20 G)

POUR LA DORURE :

UN PEU DE LAIT

◆ Une semaine auparavant, préparez la pâte de miel. Dans une casserole, faites tiédir le miel en veillant à ce que la température ne dépasse pas 40 °C. Mélangez les deux farines dans une terrine, versez le miel dessus et mélangez à l'aide d'une spatule en bois : la pâte va devenir très ferme. Laissez refroidir, couvrez d'un film alimentaire et conservez la pâte à température ambiante.

◆ Le jour même, découpez la pâte de miel en petits morceaux. Mettez ceux-ci dans le bol d'un robot ménager et mélangez à l'aide du crochet ou de la lame en ajoutant les zestes d'orange et de citron et le bicarbonate d'ammonium délayé dans 1 cuillerée à café d'eau. Incorporez toutes les épices, le jaune d'œuf et le carbonate de potassium dilué dans 1 cuillerée à café d'eau. Travaillez cette pâte jusqu'à ce que tous les ingrédients soient bien mélangés : elle restera ferme.

◆ Préchauffez le four à 170 °C (th. 5-6). Sur un plan de travail légèrement fariné, étalez la pâte sur 3 mm d'épaisseur. Déposez-la sur la plaque du four couverte de papier sulfurisé, puis découpez des petits bonshommes à l'aide d'un modèle en carton et d'un petit couteau. Badigeonnez-les de lait avec un pinceau, et mettez à cuire 8 à 10 minutes. Les pains d'épice vont gonfler, prendre une apparence très lisse et une couleur caramel clair. Vous les conserverez dans une boîte métallique ou dans des sachets de Cellophane.

Roule Galette

« Dans une petite maison, tout près de la forêt, vivaient un vieux et une vieille.
Un jour, le vieux dit à la vieille :

— J'aimerais bien manger une galette…

— Je pourrais t'en faire une, répond la vieille, si seulement j'avais de la farine.

— On va bien en trouver un peu, dit le vieux. Monte au grenier, balaie le plancher, tu trouveras sûrement des grains de blé.

— C'est une idée, dit la vieille qui monte au grenier, balaie le plancher et ramasse les grains de blé.

Avec les grains de blé, elle fait de la farine ; avec la farine, elle fait une galette et puis elle met la galette à cuire au four.

Et voilà la galette cuite.

— Elle est trop chaude ! crie le vieux. Il faut la mettre à refroidir !

Et la vieille pose la galette sur la fenêtre. Au bout d'un moment, la galette commence à s'ennuyer. Tout doucement, elle se laisse glisser du rebord de la fenêtre, tombe dans le jardin et continue son chemin.

Elle roule, elle roule toujours
plus loin… »

LES GALETTES À L'ORANGE ET AU CITRON

POUR 16 GALETTES DE 25 G (390 G DE PÂTE)
PRÉPARATION : 40 MINUTES ♦ CUISSON : 12 À 15 MINUTES

125 G DE FARINE DE BLÉ

100 G DE BEURRE TEMPÉRÉ

100 G DE SUCRE GLACE

50 G D'AMANDES ENTIÈRES ÉMONDÉES
ET MOULUES

2 CL DE LAIT (20 G),

2 POINTES DE COUTEAU DE ZESTE D'ORANGE
ET DE CITRON NON TRAITÉS, FINEMENT RÂPÉ

1 POINTE DE COUTEAU DE CANNELLE MOULUE

POUR LA DORURE : 1 PETIT ŒUF

POUR LA DÉCORATION :
100 G D'ÉCORCE D'ORANGE ET DE CITRON
CONFITS, COUPÉE EN PETITS DÉS

♦ Tamisez la farine sur un plan de travail. Creusez un puits et répartissez les amandes moulues, la cannelle moulue, les zestes d'orange et de citron sur le rebord. Déposez le beurre et le sucre glace dans le puits et travaillez-les du bout des doigts jusqu'à obtenir une crème onctueuse. Ramenez peu à peu la farine et les amandes moulues au centre et frottez délicatement entre les doigts jusqu'à obtenir une texture qui rappelle le sable. Ajoutez le lait, pétrissez doucement pour obtenir une pâte lisse, mais sans trop la travailler. Emballez-la dans un film alimentaire et laissez-la reposer au frais 30 minutes.

♦ Sortez la pâte du réfrigérateur 5 minutes avant de la travailler. Sur le plan de travail légèrement fariné, étendez-la sur 6 mm d'épaisseur, puis, à l'aide d'un emporte-pièce cannelé, découpez-y des galettes de 6 cm de diamètre. Disposez-les sur une plaque couverte de papier sulfurisé en les espaçant de 5 cm afin que leur cuisson soit régulière. À l'aide d'un emporte-pièce de 2 cm de diamètre, découpez un petit rond au centre.

♦ Préchauffez le four à 180 °C (th. 6). Badigeonnez les galettes d'œuf battu et décorez-les de dés d'écorce d'orange et de citron. Mettez à cuire les galettes 15 minutes environ, jusqu'à ce qu'elles soient dorées.

La Petite Fille aux allumettes

HANS CHRISTIAN ANDERSEN

« Les lumières brillaient aux fenêtres, le
fumet des rôtis s'exhalait dans la rue ; c'était la
veille du jour de l'An : voilà à quoi elle songeait. Elle
s'assit et s'affaissa sur elle-même dans un coin, entre
deux maisons. Le froid la saisit de plus en plus, mais elle
n'osait pas retourner chez elle : elle rapportait ses allumettes, et pas
la plus petite pièce de monnaie. Son père la battrait. Et, du reste, chez
elle, est-ce qu'il ne faisait pas froid aussi ? Ils logeaient
sous le toit, et le vent soufflait au travers, quoique les plus grandes
fentes eussent été bouchées avec de la paille et des chiffons. Ses petites mains
étaient presque mortes de froid. Hélas ! qu'une petite allumette lui ferait du bien ! Si
elle osait en tirer une seule du paquet, la frotter sur le mur et réchauffer ses doigts ! Elle en tira
une : ritch ! Comme elle éclata ! Comme elle brûla ! C'était une flamme chaude et claire
comme une petite chandelle, quand elle la couvrit de sa main. Quelle lumière
bizarre ! Il semblait à la petite fille qu'elle était assise devant un grand
poêle de fer orné de boules et surmonté d'un couvercle en
cuivre luisant. Le feu y brûlait si magnifique, il chauffait si bien ! Mais
qu'y a-t-il donc ? La petite étendait déjà les pieds pour les chauffer
aussi ; la lumière s'éteignit, le poêle disparut : elle était assise, un petit
bout de l'allumette brûlée à la main. [...] Elle en frotta une seconde,
qui brûla, qui brilla, et là où la lueur tomba sur le mur, il devint
transparent comme une gaze. La petite pouvait voir jusque
dans une chambre où la table était couverte
d'une nappe blanche, éblouissante de
fines porcelaines et sur laquelle une oie
rôtie, farcie de pruneaux et de
pommes, fumait avec un parfum
délicieux. Ô surprise !
Ô bonheur ! Tout à coup,
l'oie sauta de son plat et roula sur le
plancher, la fourchette et le couteau
dans le dos, jusqu'à la pauvre fille.
L'allumette s'éteignit :
elle n'avait devant elle que
le mur épais
et froid. »

L'OIE RÔTIE ET FARCIE AUX PRUNEAUX ET AUX POIRES

POUR 12 PERSONNES
PRÉPARATION : 1 HEURE 30 ◆ CUISSON : 4 HEURES

2 JEUNES OIES DE 2,5 KG CHACUNE
(1,2 KG DÉSOSSÉES)
300 G DE FARCE FINE (CHEZ LE BOUCHER)
100 G DE MIE DE PAIN
8 CL DE LAIT ENTIER (80 G)
150 G DE POITRINE DE PORC
1 GROS OIGNON, 3 GOUSSES D'AIL
1 PETIT BOUQUET DE PERSIL PLAT
15 G DE SEL, 3 G DE MUSCADE MOULUE
3 G DE POIVRE MOULU
3 G DE CANNELLE MOULUE
5 G DE QUATRE-ÉPICES MOULU
30 G DE BEURRE
5 CL D'EAU (50 G)
POUR L'ACCOMPAGNEMENT DE POIRES
AUX FRUITS SECS
6 POIRES WILLIAMS MÛRES,
MAIS ENCORE FERMES
50 + 50 G DE BEURRE
50 G DE CASSONADE
60 G DE CERNEAUX DE NOIX
12 PRUNEAUX, 60 G DE RAISINS SECS
1 GROS OIGNON
10 CL D'EAU (100 G)
5 POINTES DE COUTEAU DE CANNELLE MOULUE
SEL ET POIVRE DU MOULIN
POUR 1,9 KG DE PÂTE BRIOCHÉE :
1 KG DE FARINE DE BLÉ
40 G DE SUCRE SEMOULE, 30 G DE SEL
50 G DE LEVURE DE BOULANGER
6 ŒUFS MOYENS (300 G)
22 CL D'EAU (220 G)
250 G DE BEURRE TEMPÉRÉ
POUR LA DORURE : 1 PETIT ŒUF

◆ La veille, préparez la pâte briochée. Dans un bol, tamisez 200 g de farine, ajoutez la levure de boulanger et l'eau, mélangez à l'aide d'une cuillère. Couvrez ce « petit levain » d'un film alimentaire et laissez reposer 15 minutes à température ambiante (22 °C environ).

◆ Tamisez 800 g de farine sur le plan de travail. Creusez un puits et répartissez le sel et le sucre sur le rebord. Déposez le « petit levain » et les œufs dans le puits et ramenez peu à peu la farine au centre, en pétrissant vivement la pâte environ 10 minutes. Elle sera prête lorsqu'elle se décollera aisément de vos doigts. Incorporez alors le beurre en battant jusqu'à ce que la pâte se décolle à nouveau. Roulez cette pâte souple et luisante en boule, posez-la dans un large bol, couvrez-la d'un linge et laissez-la reposer 1 heure à température ambiante.

- Lorsqu'elle a presque doublé de volume, roulez-la quelques secondes entre les mains, puis couvrez-la à nouveau et laissez-la encore reposer 30 minutes à température ambiante avant de l'entreposer au réfrigérateur, couverte d'un film alimentaire.

- Faites vider, flamber et désosser les oies par le boucher. Dégraissez et coupez 1 oie en petites aiguillettes. Épluchez et émincez l'oignon et l'ail. Rincez les feuilles du persil à l'eau fraîche et hachez-les finement. Faites fondre à couvert l'oignon, l'ail et le persil dans le beurre et l'eau.

- Passez la poitrine de porc au hachoir grille fine. Écrasez la mie de pain préalablement trempée dans le lait tiédi à l'aide d'une fourchette. Dans une terrine, mélangez la poitrine de porc hachée, la farce fine, la mie de pain, les aiguillettes d'oie et la fondue d'oignon-ail-persil. Salez, ajoutez les épices et mélangez soigneusement.

- Préchauffez le four à 180 °C (th. 6). Garnissez de farce la seconde oie, puis cousez-la. Posez la volaille dans un grand plat, enfournez et mettez à cuire 2 heures environ. Laissez refroidir, puis réservez au réfrigérateur jusqu'au lendemain.

- Le jour même, sortez la volaille à température ambiante 2 heures avant de l'envelopper de pâte et retirez délicatement les fils. Sortez la pâte briochée à température ambiante 20 minutes avant de la travailler. Sur le plan de travail légèrement fariné, étalez la pâte briochée sur une épaisseur de 3 mm, puis enveloppez l'oie en rabattant soigneusement la pâte en dessous. Décorez de bandelettes de pâte, couvrez d'un linge et laissez reposer 30 minutes à température ambiante. Préchauffez le four à 180 °C (th. 6). Badigeonnez la pâte d'œuf battu. et mettez l'oie à cuire 2 heures environ.

- Épluchez puis coupez les poires en deux dans la hauteur, faites-les pocher dans de l'eau citronnée en les gardant croquantes. Égouttez-les et séchez-les dans un linge.

- Dans une poêle antiadhésive, faites fondre 50 g de beurre avec la cassonade, et caramélisez les poires sur la face intérieure. Retirez-les. Dans la même poêle, faites fondre encore 50 g de beurre, ajoutez 10 cl d'eau, l'oignon pelé et finement coupé, couvrez et faites suer quelques minutes. Ajoutez les raisins secs, les pruneaux dénoyautés et coupés en quatre, les noix, saupoudrez de cannelle, salez et poivrez, et laissez confire doucement. Servez l'oie accompagnée des poires et des fruits secs.

LES ALLUMETTES
AU SUCRE

POUR 60 ALLUMETTES (610 G DE PÂTE)
PRÉPARATION : 1 HEURE ◆ CUISSON : 10 MINUTES

300 G DE FARINE DE BLÉ
180 G DE BEURRE FROID
1 PINCÉE DE SEL
10 G DE SUCRE
12 CL D'EAU FROIDE (120 G)
POUR LA GLACE ROYALE :
100 G DE SUCRE GLACE
LE BLANC DE 1 PETIT ŒUF (20 G)
1 POINTE DE COUTEAU DE ZESTE DE CITRON
NON TRAITÉ, FINEMENT RÂPÉ
LE JUS DE 1/2 PETIT CITRON

◆ Dans un bol, faites dissoudre le sel
et le sucre dans l'eau froide. Coupez le
beurre froid en petits dés. Tamisez la
farine sur un plan de travail, posez les
dés de beurre dessus et enrobez-les de
farine sans les écraser. Creusez un puits
et versez l'eau. Ramenez peu à peu le
mélange farine-beurre vers le centre en
pétrissant légèrement la pâte, mais sans
trop la travailler : les dés de beurre
doivent garder leur consistance initiale,
et la pâte son aspect grumeleux.

◆ Roulez la pâte en boule. Emballez-la
soigneusement dans un film alimentaire
et laissez-la reposer 20 minutes au frais.

◆ Sur le plan de travail légèrement fariné,
étalez cette boule de pâte en un rectangle
de 2 cm d'épaisseur. Pliez-le en trois en
rabattant le haut puis le bas en porte-
feuille. Faites-le ensuite pivoter d'un
quart de tour à droite. Dès lors, il ne
faut plus le changer de sens ni le
retourner. Emballez soigneusement la
pâte dans un film alimentaire et laissez à
nouveau reposer 20 minutes au frais.

◆ Sortez la pâte du réfrigérateur en conser-
vant toujours le même sens. Sur le plan

de travail légèrement fariné, étalez la
pâte une deuxième fois, puis pliez-la en
trois comme précédemment. Emballez-la
soigneusement dans un film alimentaire
et laissez-la reposer 30 minutes au frais.

◆ Préparez la glace royale : mettez le sucre
glace et le blanc d'œuf dans le bol d'un
robot ménager et montez en meringue
à l'aide du fouet (vitesse rapide pendant
4 minutes environ) en versant en filet le
jus de citron et le zeste. Vous obtiendrez
une meringue un peu molle.

◆ Étalez la pâte sur le plan de travail légèrement fariné en un grand rectangle
d'environ 2 mm d'épaisseur, découpez
des bandes de 15 cm de largeur. À l'aide
d'une cuillère à soupe, déposez un peu
de glace royale sur chaque bande, puis
lissez la glace royale à l'aide d'une spatule
métallique : cette couche doit être très
fine. Découpez alors des allumettes de
5 mm de largeur et posez-les sur une
plaque couverte de papier sulfurisé en les
espaçant de 3 cm afin que leur cuisson
soit régulière et qu'elles ne collent pas
entre elles.

◆ Placez les allumettes 30 minutes au
réfrigérateur. Préchauffez le four à 210 °C
(th. 7). Au moment d'enfourner, baissez
la température à 180 °C (th. 6). Mettez à
cuire 10 minutes environ : les allumettes
vont se développer en hauteur et prendre
une jolie couleur crème.

◆ Vous pouvez les déguster avec un
gewurztraminer moelleux.

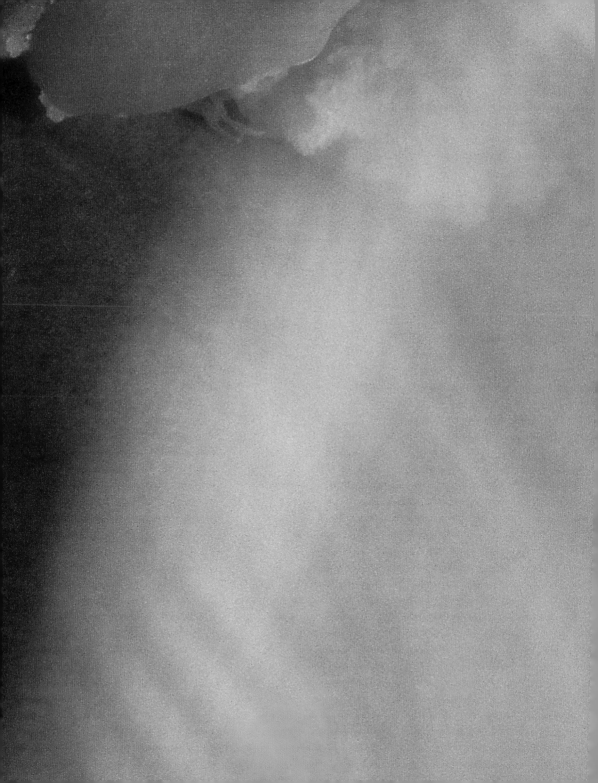

LE JARDIN ENCHANTÉ

« On savait très sûrement que ces fées avaient dans leur jardin les meilleurs fruits,
les plus savoureux et délicats qui se fussent jamais mangés.
Aussitôt, la reine ma mère eut une envie si violente d'en manger,
qu'elle y tourna ses pas. Elle arriva à la porte de ce superbe édifice
qui brillait d'or et d'azur de tous les côtés ; mais elle y frappa inutilement :
qui que soit ne parut, il semblait que tout le monde y était mort ;
son envie augmentant par les difficultés, elle envoya quérir des échelles,
afin que l'on pût passer par-dessus les murs du jardin,
et l'on en serait venu à bout, si ces murs ne se fussent haussés à vue d'œil
bien que personne n'y travaillât ; l'on attachait des échelles
les unes aux autres, elles rompaient sous le poids de ceux qu'on y faisait monter,
et ils s'estropiaient ou se tuaient. »
(MADAME D'AULNOY, *La Chatte blanche.*)

IL ÉTAIT UNE FOIS UN ROI, SI PUISSANT ET DONT LA GLOIRE ÉTAIT SI GRANDE,
QU'IL VOULUT POSSÉDER DES FRUITS ÉTERNELS.

Il demanda à ses jardiniers de réaliser cette merveille : avoir dans ses jardins, comme dans celui des fées, des fruits toujours mûrs, toujours bons et qui ne se gâtent jamais.

L'on força la nature : on fit bâtir des serres et des châssis, on dessina des parterres et des bosquets, on éleva des statues, on créa un labyrinthe, une orangerie, des fontaines et des pièces d'eau où le ciel et le roi dans leur splendeur pouvaient s'y mirer…

On fit venir des fruits merveilleux de l'autre bout de la terre.

« L'art du jardin est bien l'art de cultiver le temps », pensait le roi. Il fut si satisfait qu'il rédigea de sa plume royale un livre pour expliquer aux courtisans du royaume les manières de visiter ses jardins :

« On descendra par la rampe droite de l'Orangerie et l'on passera dans le jardin des orangers, on ira droit à la fontaine d'où l'on considérera l'Orangerie.
On passera dans les allées des grands orangers, puis dans l'Orangerie couverte.
Et l'on sortira par le vestibule du côté du Labyrinthe. »
Ainsi parlent les rois.

Ses cuisiniers durent apprendre à apprêter de nouveaux fruits et de nouveaux légumes. L'on vit paraître à sa table des limes-douces et des limettes, des poncires, des melroses et des alberges.

L'on organisa des collations sur les eaux et des buffets dans la fraîcheur des grottes, des « ambigus » qui se donnaient ordinairement sur le déclin du jour. De grandes tables étaient dressées et des miroirs reflétaient la lumière des bougies. Des pyramides de fruits frais et des assiettes de biscuits et d'oranges confites voisinaient avec les pigeonneaux et les cailles rôtis, les tourtes de béatilles, les pâtés de bécasse, les tartelettes aux amandes et les salades aux herbes fraîches.

On fit écrire des livres de recettes remplis de mots juteux et savoureux qui fondaient dans la bouche. Les fruits portaient des noms magiques : la poire de trois goûts, la mouille-bouche, la bellissime, la cuisse-madame, la trompe-coquin, la pêche mignonne, la pourprée, la prune de Perdrigon, la pomme gorge-de-pigeon, le court-pendu, le fenouillet, la pomme d'or, et la petite pomme d'api au joli teint vermillon, à la peau unie qui ne se fane jamais et qui se montre toujours avec le même éclat.

Cela n'est pas un conte. Ce roi a bien existé ; il se nommait Louis XIV, et avait pour jardin Versailles.

Son jardinier était La Quintinie, son contrôleur général de la surintendance des bâtiments s'appelait

Charles Perrault.
Celui-là même qui
dessina le labyrinthe
du château et devint
fort célèbre avec les *Contes de ma mère l'Oye*.

Le Roi-Soleil voulait que Versailles fût
un paradis sur ce terre – en persan ce mot
signifie «verger entouré de murs» –, aussi
beau que le jardin des Hespérides, aussi
attrayant que le jardin d'Éden, et aussi
délectable que le jardin des fées. Vanité de
roi qui rêvait de dompter la nature. Mais la
Nature ne fait pas de jardin.

Les fées le savent qui se moquent bien
de ces allées prétentieuses tracées au cordeau,
de ces parterres géométriques
meurtris par les tailles et qui
ne servent qu'à dissimuler la
nature. Elles leur préfèrent les
jardins ensauvagés, où elles peuvent
librement se nourrir du pollen
des fleurs, du suc des fruits et se
désaltérer de la sève des arbres.

Les enfants le savent qui sont
nourris de la sagesse des contes.
Leur quête d'identité se fortifie de
ces histoires où le jardin suggère toutes
les transgressions et permet d'étonnantes
métamorphoses. Un simple haricot ouvre à
Jack le chemin de la fortune. Une modeste
citrouille suffit à Cendrillon pour se rendre
au bal du prince.

Le jardin des fées in *La Chatte blanche*

MADAME D'AULNOY

« La plus vieille des fées mit ses doigts dans sa bouche, et siffla trois fois ; puis elle cria :
abricots, pêches, pavies, brugnons, cerises, prunes, poires, bigarreaux, melons, muscats,
pommes, oranges, citrons, groseilles, fraises, framboises, accourez à ma voix.

— Mais, dit la reine, tout ce que vous venez d'appeler vient en différentes saisons !

— Cela n'est pas ainsi dans nos vergers, dirent-elles, nous avons
de tous les fruits qui sont sur la terre, toujours mûrs, toujours bons
et qui ne se gâtent jamais. »

SOUPE DE PÊCHES DE VIGNE AU PINOT NOIR ET À LA CANNELLE

POUR 6 PERSONNES
PRÉPARATION : 20 MINUTES ◆ CUISSON : 15 MINUTES

1,250 KG DE PETITES PÊCHES DE VIGNE
(1 KG NET)
200 G DE SUCRE CRISTALLISÉ
LE JUS DE 1 CITRON
2 BÂTONS DE CANNELLE DE CHINE
20 CL DE PINOT NOIR (200 G)
QUELQUES TRÈS FINS TAILLADINS DE ZESTE
D'ORANGE NON TRAITÉE
POUR LA DÉCORATION :
1 ORANGE

- Faites pocher les pêches 1 minute dans une casserole d'eau bouillante. Rafraîchissez-les dans un bain d'eau très froide. Pelez-les puis coupez chaque pêche en huit quartiers.
- Dans une casserole, mélangez les quartiers de pêche, le sucre cristallisé, le pinot noir, les bâtons de cannelle, le jus du citron et les tailladins de zeste d'orange. Portez à frémissement, puis versez cette préparation dans une terrine. Couvrez d'une feuille de papier sulfurisé et réservez au frais toute une nuit.
- Au moment de servir cette soupe de fruits, parsemez dessus les quartiers d'une orange coupée à vif.
- Cette soupe de fruits est également délicieuse avec des pêches blanches ou jaunes.

LES DOIGTS DE FÉE
À LA FLEUR
D'ORANGER

POUR ENVIRON 35 DOIGTS DE FÉE
(350 G DE PÂTE)
PRÉPARATION : 40 MINUTES ◆ CUISSON : 15 MINUTES

150 G DE FARINE DE BLÉ
125 G DE BEURRE TEMPÉRÉ
50 G D'AMANDES ÉMONDÉES MOULUES
1 PINCÉE DE SEL
75 G DE SUCRE GLACE
LE BLANC DE 1 PETIT ŒUF (20 G)
3 POINTES DE COUTEAU DE ZESTE D'ORANGE
NON TRAITÉE, FINEMENT RÂPÉ
12 GOUTTES D'EAU DE FLEUR D'ORANGER
POUR LA DÉCORATION :
50 G DE SUCRE GLACE

◆ Tamisez la farine sur un plan de travail. Creusez un puits et répartissez le sel, les amandes moulues et le zeste d'orange râpé sur le rebord. Déposez le beurre et le sucre glace dans le puits et travaillez-les du bout des doigts jusqu'à obtenir une crème onctueuse. Ramenez peu à peu la farine au centre et frottez délicatement ce mélange entre les doigts jusqu'à obtenir une texture qui rappelle le sable. Ajoutez le blanc d'œuf et l'eau de fleur d'oranger. Pétrissez doucement pour obtenir une pâte lisse, sans trop la travailler car elle est très fragile. Emballez-la dans un film alimentaire et laissez-la reposer au frais 30 minutes.

◆ Sortez la pâte du réfrigérateur 15 minutes avant de la travailler. Préchauffez le four à 160 °C (th. 5-6). Sur le plan de travail légèrement fariné, roulez la pâte en trois boudins de 2 cm de diamètre, puis détaillez-les en petits morceaux de 15 g. Du bout des doigts, roulez-les pour leur donner une forme allongée de 5 cm environ. Disposez ces doigts de fées sur une plaque couverte de papier sulfurisé en les espaçant de 4 cm afin que leur cuisson soit régulière et que les biscuits ne collent pas entre eux.

◆ Mettez à cuire 15 minutes environ, jusqu'à ce que les doigts de fée soient dorés. Saupoudrez-les alors de sucre glace et laissez-les refroidir sur la plaque.

◆ Ces petits-fours se conserveront très bien de 3 à 4 semaines dans une boîte métallique.

Cendrillon

C H A R L E S P E R R A U L T

« — Va dans le jardin et apporte-moi une citrouille.
Cendrillon alla aussitôt cueillir la plus belle qu'elle put trouver,
et la porta à sa marraine, ne pouvant deviner comment cette citrouille
la pourrait faire aller au bal. Sa marraine la creusa, et n'ayant laissé que
l'écorce, la frappa de sa baguette, et la citrouille fut aussitôt changée en
un beau carrosse tout doré. »

SOUFFLÉ DE CITROUILLE À LA CANNELLE ET AUX ORANGES CONFITES

POUR 4 PERSONNES

PRÉPARATION : 30 MINUTES ◆ CUISSON : 40 MINUTES

2 PETITES CITROUILLES (OU POTIRONS
OU POTIMARRONS)

100 + 100 G DE SUCRE SEMOULE

60 G DE FÉCULE DE POMME DE TERRE

LES JAUNES DE 6 ŒUFS MOYENS (120 G)

LES BLANCS DE 6 ŒUFS MOYENS (180 G)

5 G DE CANNELLE MOULUE

50 G D'AIGUILLETTES D'ÉCORCES
D'ORANGE CONFITE

POUR LA DÉCORATION :

20 G DE SUCRE GLACE

◆ Prélevez un couvercle sur la première citrouille, ôtez les graines et les filaments, et réservez. Coupez la seconde citrouille en quartiers, retirez la peau, les graines et les filaments, puis râpez finement la chair et réservez. Détaillez les aiguillettes d'orange confite en petits dés et réservez.

◆ Dans un bol, mélangez 100 g de sucre semoule, la fécule et la cannelle. Ajoutez les jaunes d'œufs et battez au fouet jusqu'à ce que le mélange prenne une belle couleur jaune pâle. Ajoutez la citrouille râpée et les dés d'orange confite, et mélangez délicatement le tout à l'aide d'une cuillère en bois.

◆ Préchauffez le four à 200 °C (th. 6-7).

◆ Mettez les blancs d'œufs dans le bol d'un robot ménager, et, à l'aide d'un fouet, montez-les en neige en versant en pluie le sucre restant : les blancs doivent avoir une consistance ferme. Ajoutez les blancs en neige au mélange précédent en tournant délicatement à l'aide d'une cuillère en bois et en veillant à ne pas faire retomber les blancs.

◆ Versez la préparation dans la citrouille évidée. Au moment d'enfourner, baissez la température du four à 180 °C (th. 6) et mettez à cuire environ 40 minutes. Le soufflé va gonfler et joliment dorer. Lorsqu'il est prêt, poudrez-le de sucre glace et servez-le dans l'instant.

La Reine des abeilles

JACOB ET WILHELM GRIMM

« Mais la troisième épreuve était la plus difficile, car il s'agissait de désigner, entre les trois princesses endormies, toutes trois filles du roi, la plus jeune et la plus jolie. Or elles se ressemblaient absolument, et la seule différence qu'il y avait entre elles était le genre de sucrerie qu'elles avaient mangé avant de s'endormir : l'aînée avait mangé un morceau de sucre candi, la deuxième avait goûté un peu de sirop, et la cadette avait mangé une cuillerée de miel. »

LES JOYAUX DE LA REINE DES ABEILLES

POUR ENVIRON 1 KG DE CHOCOLATS
PRÉPARATION : 40 MINUTES ◆ CUISSON : 15 MINUTES

150 G DE CHOCOLAT NOIR À 67 % DE CACAO
100 G D'ÉCORCES D'ORANGE CONFITE,
DÉCOUPÉES EN DÉS
100 G D'ÉCORCES DE CITRON CONFIT,
DÉCOUPÉES EN DÉS
100 G D'ANGÉLIQUE CONFITE,
COUPÉE EN PETITES LAMELLES
100 G DE BIGARREAUX CONFITS,
COUPÉS EN QUATRE
100 G D'AMANDES ÉMONDÉES,
HACHÉES ET GRILLÉES
POUR LE CARAMEL :
250 G DE SUCRE SEMOULE
125 G DE BEURRE
5 CL D'EAU (50 G)

◆ Préparez le caramel : dans une casserole à fond épais, portez à ébullition le sucre, le beurre et l'eau en remuant à l'aide d'une spatule en bois : le caramel doit avoir une consistance mousseuse et une couleur crème. Laissez cuire en tournant délicatement jusqu'à ce qu'il devienne brun. Ôtez du feu, tournez encore quelques instants, puis versez-le sur une plaque couverte de papier sulfurisé. Étendez-le rapidement en une fine couche à l'aide d'une spatule en métal. Parsemez aussitôt d'amandes hachées et grillées et appuyez doucement avec la paume des mains.

◆ Lorsque la plaque de caramel est dure et froide, retournez-la.

◆ Tempérez le chocolat. Râpez finement la tablette de chocolat au-dessus d'un bol. Préparez un bain-marie ; lorsque l'eau bout, ôtez la casserole du feu et posez le bol contenant le chocolat dans le bain-marie. Tournez délicatement à l'aide d'une spatule en bois jusqu'à ce que le chocolat soit entièrement fondu : il doit atteindre une température de 40 °C. Mettez alors le bol dans une jatte contenant des glaçons et contrôlez la température du chocolat avec un thermomètre. Continuez à bien mélanger en ramenant le chocolat des parois vers le centre afin d'obtenir une température égale à 28 °C. Puis posez à nouveau le bol dans le bain-marie pour remonter la température à 31-32 °C. (Pour obtenir un chocolat brillant et craquant, il importe de respecter ces différentes températures et de travailler dans une pièce où la température ambiante n'excède pas 22 °C.)

◆ Étendez aussitôt ce chocolat tempéré sur le caramel froid, et disposez dessus les dés d'orange et de citron, les lamelles d'angélique et les morceaux de bigarreau en les enfonçant légèrement dans le chocolat. Les fruits confits vont former une mosaïque colorée. (Procédez rapidement avant que le chocolat ne durcisse.)

◆ Entreposez la plaque dans un endroit frais (18 °C) 20 minutes environ, puis détaillez-la en petits morceaux irréguliers.

LE NID D'ABEILLES

POUR 6 PERSONNES (500 G DE PÂTE)
PRÉPARATION : 50 MINUTES ◆ CUISSON : 35 MINUTES

200 G + 50 G DE FARINE DE BLÉ

15 G DE LEVURE FRAÎCHE

30 G DE SUCRE SEMOULE

1 ŒUF MOYEN (50 G)

10 CL DE LAIT ENTIER FROID (100 G)

5 G DE SEL

65 G DE BEURRE TEMPÉRÉ

POUR LA DORURE :

1 PETIT ŒUF

POUR LE NID D'ABEILLES :

50 G D'AMANDES EFFILÉES

25 G DE SUCRE SEMOULE

25 G DE MIEL DE FLEURS

10 G DE BEURRE

5 CL DE CRÈME FRAÎCHE LIQUIDE (50 G)

POUR LA DÉCORATION :

QUELQUES AIGUILLETTES D'ÉCORCE D'ORANGE

ET DE CITRON CONFITS

1 FEUILLE DE PAIN AZYME

POUR LE MOULE : 20 G DE BEURRE,

20 G DE FARINE DE BLÉ

- Dans un bol, tamisez 50 g de farine, ajoutez la levure fraîche et le lait et mélangez. Couvrez ce « petit levain » d'un film alimentaire et laissez reposer 15 minutes à température ambiante (environ 22 °C).

- Tamisez 200 g de farine sur un plan de travail. Creusez un puits et répartissez le sel et le sucre sur le rebord. Déposez le « petit levain » et l'œuf dans le puits et ramenez peu à peu la farine au centre en pétrissant vivement la pâte environ 10 minutes. La pâte est prête lorsqu'elle se décolle aisément de vos doigts.

- Incorporez ensuite le beurre tempéré en battant jusqu'à ce que la pâte se décolle à nouveau.

- Roulez cette pâte souple et luisante en boule, couvrez-la d'un linge et laissez-la reposer 1 heure à température ambiante. Lorsqu'elle a presque doublé de volume,

roulez-la quelques secondes entre vos mains, couvrez-la à nouveau et laissez-la reposer encore 20 minutes à température ambiante. (Vous pouvez confectionner cette pâte la veille et la réserver au réfrigérateur dans un large bol, couverte d'un film alimentaire ; dans ce cas, sortez-la à température ambiante 20 minutes avant de la travailler.)

- Sur le plan de travail légèrement fariné, étalez-la en un disque de 22 cm de diamètre, puis déposez-la soigneusement dans un moule à tarte de 22 cm de diamètre beurré et fariné légèrement. Découpez au centre un disque de pâte de 10 cm de diamètre et posez-le sur le plan de travail. Étalez-le un peu plus finement avant d'y couper des bandelettes de 1 cm de largeur. Disposez ces dernières en croisillons sur la couronne, couvrez d'un linge et laissez reposer 1 heure 30 environ à température ambiante pour bien laisser gonfler la pâte.

- Préchauffez le four à 200 °C (th. 6-7). À l'aide d'un pinceau, badigeonnez la couronne d'œuf battu. Au moment d'enfourner, baissez la température à 180 °C (th. 6) et mettez à cuire 30 minutes environ.

- Préparez le nid d'abeilles : dans une casserole, portez à ébullition la crème fraîche avec le miel, le sucre et le beurre. Posez le thermomètre à sucre dans la casserole et laissez l'ébullition se poursuivre jusqu'à ce que la préparation atteigne 110 °C. Ôtez alors du feu, ajoutez les amandes effilées et mélangez.

- Lorsque la couronne briochée est dorée, nappez-la du nid d'abeilles à l'aide d'une cuillère et mettez encore à cuire 10 minutes environ : la couronne sera gonflée et joliment dorée, le nid d'abeilles croustillant et légèrement caramélisé. Démoulez sur une grille et laissez refroidir. Décorez la couronne avec des petites abeilles fabriquées dans des écorces d'orange et de citron confits et dont les ailes seront en pain azyme.

La poule aux œufs d'or

in *Jack et le haricot magique*

J. JACOBS

« — Salut ! claironna cet effronté de Jack. Serez-vous assez bonne pour m'offrir à manger ?

— Ne reste pas ici, mon garçon, dit la femme de l'ogre. Ou mon mari te dévorera pour son petit déjeuner. Mais il me semble te reconnaître. N'es-tu pas déjà venu chez nous ? Et bien, sais-tu que depuis ton passage, il manque un sac d'or à mon mari ?

— Tiens, voilà qui est bien étrange ! répondit Jack. J'aurais peut-être des informations à vous apporter à ce sujet. Seulement, voilà, je suis si affamé qu'il m'est impossible de parler plus. Je dois d'abord remplir mon estomac !

La femme du géant était une personne très curieuse. Elle fit donc entrer Jack et lui servit un bon repas. Mais Jack avait à peine avalé la première bouchée que, bam ! bam ! on entendit résonner les pas du géant. La femme du géant cacha Jack dans le four. Tout se passa comme la première fois. L'ogre entra et se mit à table. Sa femme lui apporta trois bœufs grillés en guise de petit déjeuner. Puis l'ogre dit :

— Femme, apporte-moi la poule qui pond des œufs en or.

Ainsi fit-elle. L'ogre ordonna alors à sa poule de pondre, et la poule pondit aussitôt un bel œuf tout doré.

L'ogre, satisfait, se cala sur sa chaise et s'endormit profondément.

Ses ronflements faisaient vibrer la maisonnée entière !

Jack sortit alors sans bruit du four, saisit la poule et prit la poudre d'escampette.

Malheureusement, la poule caqueta et réveilla l'ogre ! »

LA POULE
AUX ŒUFS D'OR

POUR 10 PERSONNES
PRÉPARATION : 1 HEURE 30 ◆ CUISSON : 4 HEURES

2 PETITS CHAPONS DE 2,5 KG CHACUN
(1,2 KG DÉSOSSÉS), AVEC LEUR FOIE
2 KG DE PÂTE FEUILLETÉE
(CHEZ LE PÂTISSIER)
200 G DE FARCE FINE (CHEZ LE BOUCHER)
150 G DE POITRINE DE PORC, 1 GROS OIGNON
1 PETIT BOUQUET DE PERSIL PLAT
15 G DE SEL, 3 G DE POIVRE MOULU
3 G DE NOIX DE MUSCADE MOULUE
3 G DE CANNELLE MOULUE
5 G DE QUATRE-ÉPICES MOULUES
30 G DE BEURRE, 5 CL D'EAU (50 G)
10 CL DE COGNAC (100 G)
POUR LA GARNITURE :
6 GROSSES POMMES DE TERRE
DE FORME OVALE, 40 G DE BEURRE
2 CL D'HUILE D'ARACHIDE (20 G)
SEL ET POIVRE DU MOULIN
POUR LA DORURE : 1 PETIT ŒUF

- La veille, faites vider, flamber et désosser les deux chapons par le boucher ou le volailler. Dégraissez et coupez un chapon en petites escalopes. Arrosez celles-ci de cognac, saupoudrez de noix de muscade, cannelle et quatre-épices, et laissez mariner 3 heures.
- Épluchez et émincez l'oignon. Rincez les feuilles de persil à l'eau fraîche et hachez-les finement, puis faites fondre à couvert l'oignon et le persil dans le beurre et l'eau.
- Coupez la poitrine de porc et le foie des volailles en très petits dés. Ajoutez la farce fine, les escalopes marinées et la fondue d'oignon-persil. Assaisonnez de sel et poivre, mélangez soigneusement.
- Préchauffez le four à 180 °C (th. 6). Garnissez de farce le second chapon, cousez-le. Posez la volaille dans un grand plat et mettez à cuire 2 heures environ.

Laissez refroidir et réservez au réfrigérateur jusqu'au lendemain.
- Le jour même, sortez la volaille à température ambiante 2 heures avant de l'envelopper de pâte. Retirez délicatement les fils.
- Sur un plan de travail légèrement fariné, étalez la pâte feuilletée sur une épaisseur de 3 mm. Enveloppez le chapon en rabattant soigneusement la pâte en dessous, et décorez de bandelettes de pâte. Laissez reposer 15 minutes à température ambiante.
- Préchauffez le four à 200 °C (th. 7). À l'aide d'un pinceau, badigeonnez la pâte d'œuf battu. Au moment d'enfourner, baissez la température à 180 °C (th. 6) et mettez à cuire 2 heures environ.
- Pelez les pommes de terre, rincez-les, taillez-les en leur donnant la forme ovale d'un œuf puis coupez-les en lamelles de 2 cm d'épaisseur. Dans une poêle anti-adhésive, faites chauffer 20 g de beurre et l'huile et faites rissoler les lamelles de pomme de terre sur chaque face. Lorsqu'elles sont dorées, posez-les dans un plat à gratin. Parsemez de petites noisettes de beurre, salez et poivrez. Glissez ce plat dans le four 20 minutes environ avant de servir le chapon.

LA FORÊT MYSTÉRIEUSE

« Dans la vaste forêt, la malheureuse fillette était désespérément seule
et tellement apeurée qu'elle regardait, pour ainsi dire, derrière chaque feuille
sur les arbres, ne sachant que faire ni que devenir.
Elle commença à courir, s'écorchant aux épines et sur les pierres pointues,
voyant sauter devant elle les bêtes sauvages qui venaient la frôler,
mais qui ne lui faisaient pas de mal. »
(J. ET W. GRIMM, *Blanche-Neige*.)

SITÔT LE SEUIL DE LA MAISON FRANCHI, NOS HÉROS SE RETROUVENT DANS LA FORÊT.

Les maisons dans les contes sont presque toujours construites à la lisière des bois. Et rares sont les histoires où l'on ne s'aventure dans ce « temple fait d'arbres ».

À quelques siècles de nous, la forêt couvrait la presque totalité de l'Europe. Pour la traverser, il fallait se risquer dans son inextricable labyrinthe. Brigandages, bêtes sauvages, légendes étaient autant de dangers qu'il fallait affronter.

Pour les héros des contes, la forêt paraît d'abord accueillante. Ils s'y sentent en paix et en sécurité, et maraudent librement des fruits et des baies sauvages au hasard des chemins. La forêt est le royaume de la cueillette et de la cuisine buissonnière.

Le Petit Chaperon rouge gambade, son panier sous le bras. Au loin, un bûcheron se met à couper du bois à grands coups de cognée. À ses côtés, sept enfants ramassent des broutilles pour faire des fagots. Le plus jeune, appelé Poucet, n'a nulle crainte, car ses poches sont

remplies de petits cailloux blancs. Il retrouvera sans peine le chemin de la maison. Le soleil monte haut dans le ciel. L'air est tiède, et la forêt bruit de mille remuements. Le peuple des animaux vaque à ses petites affaires.

On dit que la forêt est le refuge des lutins et des elfes, des ermites et des fées protectrices qui nichent au creux des arbres. On dit aussi qu'une licorne demeure au plus secret des bois.

« Promenons-nous dans le bois pendant que le loup n'y est pas.

Loup, y es-tu ? M'entends-tu ? »

Non. Le loup n'y est pas. Et il ne viendra pas.

Soudain, la terre s'ouvre, et l'on voit surgir des cuisiniers et des marmitons qui préparent un festin magnifique. Ils s'activent pour le mariage de Riquet à la Houppe.

La forêt devient nourricière. Une vieille femme offre le remède absolu contre la faim : une petite marmite remplie d'une excellente et douce bouillie inépuisable. C'est la marmite perpétuelle, la corne d'abondance.

« Promenons-nous dans les bois pendant que... »

Mais voilà le loup. Nos insouciants personnages ignoraient-ils qu'on ne doit jamais prononcer le mot « loup » dans la forêt ? De même qu'on ne doit jamais parler de la mort. Nommer le loup, c'est le faire

apparaître. Autrefois, dans certaines régions de France, interdiction était faite de prononcer son nom entre Noël et l'Épiphanie.

Le loup se montre tout d'abord affable. Mais les contes nous enseignent à ne pas nous fier aux belles paroles. Une angoisse flotte sur les arbres. Le soleil décline, le brouillard monte. Cette fois, le Petit Poucet ne retrouve plus le chemin. Les oiseaux ont picoré ses miettes de pain. Et ses frères pleurent à chaudes larmes. Reverront-ils jamais la maison de leurs parents? «Père, Mère, pourquoi nous avez-vous abandonnés?»

La nuit mange maintenant la forêt. Dans les fourrés, se devine l'ombre de bêtes farouches.

On dit que des dragons et des trolls sortent à la nuit tombante, que les sorcières et les ogres habitent non loin d'ici. Que les chasseurs y viennent tuer les enfants sur ordre des marâtres. Le Petit Poucet grimpe en haut d'un arbre, l'arbre cosmique qui se dresse au cœur des contes, pour voir s'il ne découvrira rien. «Ayant tourné la tête de tous côtés, il vit une petite lueur comme celle d'une chandelle, mais qui était

bien loin par-delà la forêt.»

Dans d'autres contes, le héros aperçoit une maison ou un château, ou simplement une fumée qui s'échappe d'une cheminée.

Évidemment, ce n'est pas la maison des parents, car retourner chez soi il n'en est pas question! Celui qui voudrait régresser et faire demi-tour devrait alors «manger son chemin».

Le Petit Chaperon rouge

CHARLES PERRAULT

« Il était une fois une petite fille de village, la plus jolie qu'on eût su voir ; sa mère en était folle, et sa mère-grand plus folle encore. Cette bonne femme lui fit faire un petit chaperon rouge, qui lui seyait si bien que partout on l'appelait le Petit Chaperon rouge.

Un jour, sa mère ayant cuit et fait des galettes lui dit : "Va voir comme se porte ta mère-grand, car on m'a dit qu'elle était malade ; porte-lui une galette et ce petit pot de beurre."

Le Petit Chaperon rouge partit aussitôt pour aller chez sa mère-grand, qui demeurait dans un autre village. En passant dans un bois, elle rencontra compère le Loup, qui eut bien envie de la manger, mais il n'osa, à cause de quelques bûcherons qui étaient dans la forêt.

[…] — Mais grand-mère que vous avez de grandes dents !

— C'est pour te manger.

Et en disant ces mots, ce méchant Loup se jeta sur le Petit Chaperon rouge, et la mangea. »

LES GALETTES AU BEURRE DE LA GRAND-MÈRE

POUR 20 GALETTES ENVIRON (275 G DE PÂTE)
PRÉPARATION : 40 MINUTES ◆ CUISSON : 10 MINUTES

100 G DE FARINE DE BLÉ

50 G DE SUCRE SEMOULE

50 G DE BEURRE TEMPÉRÉ

1 PINCÉE DE LEVURE CHIMIQUE

15 G D'AMANDES ÉMONDÉES MOULUES

2,5 CL DE LAIT ENTIER (25 G)

POUR LA DORURE : 1 PETIT ŒUF

◆ Tamisez la farine sur un plan de travail. Creusez un puits et répartissez les amandes moulues et la levure chimique sur le rebord. Déposez le beurre et le sucre dans le puits et travaillez-les du bout des doigts jusqu'à obtenir une crème onctueuse. Ramenez peu à peu la farine au centre. Frottez délicatement ce mélange entre les mains jusqu'à obtenir une texture qui rappelle le sable. Formez un nouveau puits, versez le lait et ramenez le mélange sablonneux vers le centre en pétrissant légèrement pour lier la pâte. Roulez-la en boule, emballez-la dans un film alimentaire et laissez- la reposer 1 heure au frais.

◆ Sortez la pâte du réfrigérateur 5 minutes avant de la travailler. Sur le plan de travail légèrement fariné, étalez la pâte sur 3 mm d'épaisseur. À l'aide d'un emporte-pièce cannelé, découpez des galettes de 6 cm de diamètre et posez celles-ci sur une plaque couverte de papier sulfurisé en les espaçant de 4 cm afin que leur cuisson soit régulière et que les biscuits ne collent pas entre eux.

◆ Préchauffez le four à 180 °C (th. 6). À l'aide d'un pinceau, badigeonnez les galettes d'œuf battu. Laissez-les s'imprégner de cette première couche de dorure, puis badigeonnez-les une seconde fois. Mettez à cuire 10 minutes. Lorsque les petites galettes sont joliment dorées, retirez-les du four et laissez-les refroidir sur une grille.

◆ Avec la même quantité de pâte, vous pouvez aussi réaliser des grandes galettes ; prévoyez alors un temps de cuisson un peu plus long.

LA CONFITURE
AUX FRUITS DES BOIS

POUR 7 POTS DE 220 G

PRÉPARATION : 10 MINUTES ◆ CUISSON : 20 MINUTES

500 G DE MÛRES DES BOIS

600 G DE FRAMBOISES SAUVAGES (500 G NET)

800 G DE SUCRE CRISTALLISÉ

3 POINTES DE COUTEAU D'ANIS ÉTOILÉ MOULU

LE JUS DE 1 PETIT CITRON

- Rincez rapidement les fruits à l'eau fraîche et égouttez-les. Passez les framboises au moulin à légumes grille fine pour en ôter les pépins.
- Dans une bassine à confitures, mélangez les mûres, la pulpe de framboise, le sucre, le jus de citron et l'anis étoilé. Portez à ébullition en remuant délicatement à l'aide d'une spatule en bois. Maintenez la cuisson 10 minutes environ, en remuant toujours et en écumant soigneusement.
- Redonnez un bouillon, vérifiez la nappe, mettez aussitôt la confiture en pots et couvrez.

LES DENTS DE LOUP
À L'ANIS

POUR 25 PETITS GÂTEAUX ENVIRON (245 G DE PÂTE)

PRÉPARATION : 20 MINUTES ◆ CUISSON : 8 MINUTES

100 G DE SUCRE SEMOULE

LE BLANC DE 1 GROS ŒUF (40 G)

3 G DE GRAINS D'ANIS VERT

100 G DE FARINE DE BLÉ

- La veille, préparez la pâte : mettez le sucre et le blanc d'œuf dans le bol d'un robot ménager et montez-les en meringue à l'aide du fouet. Tamisez la farine sur un papier sulfurisé, parsemez les grains d'anis sur la farine, et versez ce mélange en pluie dans la meringue en remuant délicatement à l'aide d'une spatule en bois. Versez cette pâte un peu molle dans une terrine légèrement farinée. Couvrez d'un film alimentaire et laissez reposer une nuit au frais.
- Le lendemain, sur un plan de travail légèrement fariné, étalez la pâte sur 5 mm d'épaisseur. Découpez-y des bandes larges de 5 cm, puis coupez celles-ci en triangles, dont la base est de 3 cm.
- Posez ces triangles sur une plaque couverte de papier sulfurisé en les espaçant de 3 cm afin qu'ils puissent bien sécher et que leur cuisson soit régulière. Laissez sécher ces petits gâteaux 12 heures.
- Préchauffez le four à 180 °C (th. 6). Mettez les dents de loup à cuire 8 minutes environ : elles vont rester très lisses et très blanches et se soulever légèrement. Laissez-les refroidir sur une grille.
- Ces petits gâteaux, très croquants, se conservent pendant des mois dans une boîte métallique.

Le Petit Poucet

CHARLES PERRAULT

« Il vint une année très fâcheuse, et la famine fut si grande que ces pauvres gens résolurent de se défaire de leurs enfants. Un soir que ces enfants étaient couchés, et que le Bûcheron était auprès du feu avec sa femme, il lui dit, le cœur serré de douleur : "Tu vois bien que nous ne pouvons plus nourrir nos enfants ; je ne saurais les voir mourir de faim devant mes yeux et je suis résolu de les mener perdre demain au bois, ce qui sera bien aisé, car tandis qu'ils s'amuseront à fagoter, nous n'avons qu'à nous enfuir sans qu'ils nous voient."

[...] Le petit Poucet ouit tout ce qu'ils dirent, car ayant entendu de dedans son lit qu'ils parlaient d'affaires, il s'était levé doucement, et s'était glissé sous l'escabelle de son père pour les écouter sans être vu. Il alla se recoucher et ne dormit point le reste de la nuit, songeant ce qu'il avait à faire. Il se leva de bonne heure et alla au bord d'un ruisseau où il emplit ses poches de petits cailloux blancs, et ensuite revint à la maison.

[...] Il ne savait que faire lorsque, la bûcheronne leur ayant donné à chacun un morceau de pain pour leur déjeuner, il songea qu'il pourrait se servir de son pain au lieu de cailloux en le jetant par miettes le long des chemins où ils passeraient ; il le serra donc dans sa poche.

Le Père et la Mère les menèrent dans l'endroit de la forêt le plus épais et le plus obscur, et, dès qu'ils y furent, ils gagnèrent un faux-fuyant et les laissèrent là.

Le Petit Poucet ne s'en chagrina pas beaucoup, parce qu'il croyait retrouver aisément son chemin par le moyen de son pain qu'il avait semé partout où il avait passé ; mais il fut bien surpris lorsqu'il ne put en retrouver une seule miette ; les oiseaux étaient venus qui avaient tout mangé. »

LES DRAGÉES EN CAILLOUX BLANCS

POUR 30 CAILLOUX DE 15 G ENVIRON
PRÉPARATION : 30 MINUTES

300 G DE PÂTE D'AMANDES
(CHEZ LE PÂTISSIER)
30 GRAINS D'ANIS VERT
POUR LA GLACE ROYALE :
100 G DE SUCRE GLACE
LE BLANC DE 1 ŒUF MOYEN (30 G)
LE JUS DE 1/2 CITRON

- Séparez la pâte d'amandes en trois morceaux de 100 g et roulez chacun d'eux en un boudin long de 10 cm. Divisez chaque boudin en 10 petits morceaux et posez en leur centre 1 grain d'anis. Façonnez chaque morceau de pâte d'amandes en une petite boule bien ronde.
- Préparez la glace royale : mettez le sucre glace et le blanc d'œuf dans le bol d'un robot ménager et montez-les en meringue à l'aide du fouet (vitesse rapide pendant 4 minutes) en versant en filet le jus de citron. Vous obtenez une meringue un peu molle.

- Enrobez les boules de pâte d'amandes de meringue à l'aide d'une fourchette. Posez-les sur une plaque couverte de papier sulfurisé et laissez-les sécher jusqu'au lendemain dans une pièce à température ambiante. En séchant, cette petite couche de glace royale conservera le moelleux de la pâte d'amandes tout en lui apportant une note croustillante.

LES MATEFAIMS

POUR 3 PERSONNES (270 G DE PÂTES À CRÊPES)
PRÉPARATION : 10 MINUTES ◆ CUISSON : 4-5 MINUTES

10 CL DE LAIT ENTIER (100 G)

60 G DE FARINE DE BLÉ

2 ŒUFS MOYENS (100 G)

2 CL D'HUILE D'ARACHIDE (20 G)

20 G DE CIBOULETTE FINEMENT CISELÉE

SEL ET POIVRE DU MOULIN

- Dans une terrine, mélangez au fouet la farine et le lait, puis ajoutez les œufs et la ciboulette, salez et poivrez. Faites chauffer l'huile dans une poêle antiadhésive de 22 cm de diamètre, versez un tiers de la pâte et laissez dorer à feu doux. Lorsque la crêpe se décolle, retournez-la à l'aide d'une spatule en bois et faites cuire, toujours à feu doux, 2 à 3 minutes.
- Dégustez la crêpe dans l'instant avec une belle salade croquante décorée d'un œuf dur finement haché et de ciboulette ciselée.
- Vous pouvez aussi cuisiner des matefaims sucrés aux pommes. Pour cela, choisissez des pommes idared et remplacez le sel et le poivre par 10 g de sucre semoule.

LE PAIN PERDU
AUX ÉPICES

POUR 6 PERSONNES
PRÉPARATION : 20 MINUTES ♦ CUISSON : 15 MINUTES

1 BRIOCHE RASSISE DE 350 G,
COUPÉE EN 12 TRANCHES
12,5 CL DE CRÈME FRAÎCHE (125 G)
12,5 CL DE LAIT ENTIER (125 G)
LES JAUNES DE 2 ŒUFS MOYENS (40 G)
2 ŒUFS MOYENS (100 G)
50 G DE SUCRE SEMOULE
2 POINTES DE COUTEAU DE ZESTE D'ORANGE
NON TRAITÉE, FINEMENT RÂPÉ
1 POINTE DE COUTEAU DE CARDAMOME MOULUE
1 POINTE DE COUTEAU DE CANNELLE MOULUE
1 POINTE DE COUTEAU D'ANIS ÉTOILÉ MOULU
20 G DE BEURRE
2 CL D'HUILE D'ARACHIDE (20 G)

- Dans une terrine, mettez la crème fraîche, le lait, les œufs, les jaunes d'œufs, le sucre, le zeste d'orange, les épices et battez au fouet quelques secondes. Versez cette crème à flan dans une grande terrine plate, puis déposez les tranches de brioche. Retournez-les rapidement pour les imprégner des deux côtés.
- Préchauffez le four à 180 °C (th. 6). Faites fondre le beurre et l'huile dans une poêle antiadhésive et mettez à dorer doucement les tranches de brioche. Retournez-les et laissez-les cuire encore quelques instants.
- Disposez les tranches de pain perdu dans un plat à gratin, et mettez encore à cuire au four 8 minutes environ : elles seront ainsi parfaitement croustillantes. Servez-les tièdes, accompagnées d'une crème anglaise bien fraîche ou d'un confit de fruits rouges.

Riquet à la Houppe

CHARLES PERRAULT

« Elle alla par hasard se promener dans le même bois où elle avait trouvé Riquet à la Houppe, pour rêver plus commodément à ce qu'elle avait à faire. Dans le temps qu'elle se promenait, rêvant profondément, elle entendit un bruit sourd sous ses pieds, comme de plusieurs personnes qui vont et viennent et qui agissent. Ayant prêté l'oreille plus attentivement, elle ouit que l'un disait : "Apporte-moi cette marmite." ; l'autre : "Donne-moi cette chaudière" ; l'autre : "Mets du bois dans ce feu". La terre s'ouvrit dans le même temps, et elle vit sous ses pieds comme une grande cuisine pleine de cuisiniers, de marmitons et de toutes sortes d'officiers nécessaires pour faire un festin magnifique. Il en sortit une bande de vingt ou trente rôtisseurs, qui allèrent se camper dans une allée du bois autour d'une table fort longue, et qui tous, la lardoire à la main, et la queue de renard sur l'oreille, se mirent à travailler en cadence au son d'une chanson harmonieuse. La princesse, étonnée de ce spectacle, leur demanda pour qui ils travaillaient. "C'est, madame, lui répondit le plus apparent de la bande, pour le prince Riquet à la Houppe, dont les noces se feront demain." »

LE GÂTEAU DE MARIAGE DE RIQUET À LA HOUPPE

POUR 16 PERSONNES (220 G DE PÂTE À BISCUIT)
PRÉPARATION : 1 HEURE 30 ◆ CUISSON : 40 MINUTES

450 G DE BEURRE

300 + 150 G DE SUCRE SEMOULE

360 G D'AMANDES ÉMONDÉES MOULUES

2 ŒUFS MOYENS (100 G)

LES JAUNES DE 12 ŒUFS MOYENS (240 G)

LES BLANCS DE 12 ŒUFS MOYENS (360 G)

250 G DE FARINE DE BLÉ

300 G DE CONFIT D'ABRICOT AUX AMANDES

(VOIR LE KUGELHOPF PAGE 114)

POUR LA GLACE ROYALE :

200 G DE SUCRE GLACE

LE BLANC DE 1 GROS ŒUF (40 G)

LE JUS DE 1/2 CITRON

POUR LA DÉCORATION :

100 G DE GELÉE DE POMMES

50 G DE SUCRE GLACE

600 G DE PÂTE D'AMANDES

(CHEZ LE PÂTISSIER)

POUR LES MOULES :

40 G DE BEURRE

40 G DE FARINE DE BLÉ

• Préchauffez le four à 180 °C (th. 6). Beurrez soigneusement deux moules à manqué, l'un de 30 cm et l'autre de 20 cm de diamètre. Laissez figer le beurre quelques instants au frais, puis farinez légèrement.

• Tamisez la farine et mélangez-la avec la poudre d'amandes. Dans le bol d'un robot ménager, battez le beurre à l'aide du fouet jusqu'à ce qu'il prenne l'apparence d'une crème onctueuse.

• Dans une terrine, fouettez les œufs, les jaunes et 300 g de sucre à l'aide d'un batteur. Ajoutez cette crème mousseuse et jaune pâle dans le beurre, fouettez et réservez.

• Dans un autre bol montez les blancs d'œufs en neige ferme avec 150 g de sucre semoule versé en pluie. Incorporez-en le tiers au mélange beurre, jaunes, œufs et sucre, et tournez doucement à l'aide d'une spatule en bois tout en versant la farine et les amandes en pluie. Incorporez le reste des blancs très délicatement sans les faire retomber.

• Répartissez délicatement cette pâte à biscuit dans les moules. Mettez à cuire 40 minutes environ, jusqu'à ce que les biscuits soient joliment gonflés et dorés. Vérifiez la cuisson en piquant une lame de couteau au cœur des gâteaux : elle doit ressortir sèche. Démoulez les biscuits sur une grille.

◆ Lorsqu'ils sont froids, coupez-les horizontalement, en deux parties égales. Garnissez chaque tranche inférieure de confit d'abricot aux amandes, puis recouvrez avec l'autre moitié de biscuit.

◆ Dans une petite casserole, faites chauffer doucement la gelée de pommes et, à l'aide d'un pinceau, badigeonnez le dessus et les côtés des gâteaux reconstitués.

◆ Saupoudrez légèrement le plan de travail de sucre glace. Étalez la pâte d'amandes en deux ronds (l'un de 38 cm de diamètre et l'autre de 28 cm) et appliquez chaque rond sur le gâteau correspondant.

◆ Posez le biscuit de 28 cm de diamètre sur un plat de présentation et placez le second biscuit par-dessus.

◆ Préparez la glace royale : mettez le sucre glace et le blanc d'œuf dans le bol d'un robot ménager et montez-les en meringue (vitesse rapide pendant 4 minutes) à l'aide du fouet en versant en filet le jus du citron. Vous obtiendrez une meringue ferme.

◆ Décorez la base de chaque biscuit d'une torsade de pâte d'amandes et de petits décors de glace royale dressés à l'aide d'une poche et d'une douille lisse.

◆ Savourez ce gâteau de mariage accompagné d'une crème anglaise.

La Bouillie magique

JACOB ET WILHELM GRIMM

« Il était une fois une pieuse et pauvre fille qui vivait seule avec sa mère. Elles n'avaient plus rien à manger, et la fillette s'en alla dans la forêt, où elle fit la rencontre d'une vieille femme qui connaissait sa misère et qui lui fit cadeau d'un petit pot, auquel il suffisait de dire : "Petit pot, cuis !" pour qu'il vous cuise une excellente et douce bouillie de millet ; et quand on lui disait : "Petit pot, cesse !", il s'arrêtait aussitôt de faire la bouillie. »

LA BOUILLIE

POUR ENVIRON 8 PERSONNES (860 G DE BOUILLIE)
PRÉPARATION : 30 MINUTES ♦ CUISSON : 10 MINUTES

300 G DE FROMAGE BLANC À 40 %
DE MATIÈRE GRASSE
15 CL DE CRÈME FRAÎCHE (150 G)
100 G DE SUCRE GLACE
20 G DE FLOCONS D'AVOINE
20 G DE RIZ SOUFFLÉ
20 G D'ORGE SOUFFLÉ
200 G DE MANGUE COUPÉE EN PETITS DÉS
100 G DE QUARTIERS D'ORANGE À VIF
LE JUS DE 1 CITRON VERT
15 GRAINS DE CORIANDRE PILÉS
POUR LES « NUAGES » :
1 LITRE DE LAIT ENTIER (1 KG)
LES BLANCS DE 5 ŒUFS MOYENS (150 G)
150 G DE SUCRE SEMOULE
1 PINCÉE DE SEL

- Fouettez la crème fraîche et le sucre glace dans un bol préalablement placé 15 minutes au réfrigérateur. Dans une terrine, mélangez à l'aide d'un fouet le fromage blanc et la crème Chantilly. Ajoutez les flocons d'avoine, le riz et l'orge soufflé ainsi que la coriandre.
- Faites doucement chauffer le lait dans une large casserole, puis, dès qu'il frémit, baissez le feu au minimum.
- Versez les blancs dans le bol d'un robot ménager, montez-les en neige ferme à l'aide du fouet en versant le sucre en pluie. À l'aide d'une cuillère à soupe, formez des « nuages » et posez-les délicatement à la surface du lait frémissant. Laissez pocher 1 minute de chaque côté et posez-les doucement sur un plat à l'aide d'une écumoire.
- Au moment de servir la bouillie, ajoutez les dés de mangue, les quartiers d'orange et le jus de citron à la préparation de fromage blanc, de crème chantilly et de céréales. Mélangez délicatement et décorez avec les « nuages ».

Ourson

COMTESSE DE SÉGUR

« Il y avait une fois une jolie fermière qu'on nommait Agnella ; elle vivait seule avec une jeune servante qui s'appelait Passerose, ne recevait jamais de visites et n'allait jamais chez personne.

Sa ferme était petite, jolie et propre ; elle avait une belle vache blanche qui donnait beaucoup de lait, un chat qui mangeait des souris, et un âne qui portait tous les mardis, au marché de la ville voisine, les légumes, les fruits, le beurre, les œufs, les fromages qu'elle y vendait.

Personne ne savait quand et comment Agnella et Passerose étaient arrivées dans cette ferme, inconnue jusqu'alors, et qui reçut dans le pays le nom de *Ferme des bois*.

Un soir, Passerose était occupée à traire la vache pendant qu'Agnella préparait le souper. Au moment de placer sur la table une bonne soupe aux choux et une assiettée de crème, elle aperçut un gros crapaud qui dévorait avec avidité des cerises posées à terre dans une large feuille de vigne.

" Vilain crapaud, s'écria Agnella, je t'apprendrai à venir manger mes belles cerises ! "

En même temps, elle enleva les feuilles qui contenaient les cerises, et donna au crapaud un coup de pied qui le fit rouler à dix pas. »

LE DÉLICE D'OURSON AUX GRIOTTES ET CERISES NOIRES

POUR 6 PERSONNES
PRÉPARATION : 20 MINUTES ♦ CUISSON : 40 MINUTES

25 CL DE CRÈME FRAÎCHE LIQUIDE (250 G)
25 CL DE LAIT ENTIER (250 G)
6 ŒUFS MOYENS (300 G)
LES JAUNES DE 3 ŒUFS MOYENS (60 G)
150 G DE SUCRE SEMOULE
2 BÂTONS DE CANNELLE DE CHINE
450 G DE CERISES NOIRES (350 G NET)
450 G DE GRIOTTES (350 G NET)

- Préchauffez le four à 160 °C (th. 5-6). Portez le lait à ébullition dans une casserole à fond épais. Hors du feu, ajoutez les bâtons de cannelle, couvrez et laissez infuser 10 minutes.
- Rincez les cerises et les griottes à l'eau fraîche et séchez-les dans un linge. Équeutez-les et dénoyautez-les en veillant à les conserver bien rondes.
- Retirez les bâtons de cannelle du lait.
- Dans une terrine, mélangez la crème fraîche, le lait parfumé, les œufs entiers et les jaunes, le sucre, et battez au fouet quelques secondes. Puis rangez les fruits dans un moule en faïence de 26 cm de diamètre et recouvrez-les de la crème à flan. Mettez à cuire 40 minutes environ. Le clafoutis est cuit lorsque la crème est figée et d'une belle couleur jaune doré.

LA TARTE FORÊT-NOIRE

POUR 8 PERSONNES

PRÉPARATION : 1 HEURE 20 ◆ CUISSON :

15 MINUTES

400 G DE PÂTE SABLÉE :

(VOIR LA TARTE À LA CRÈME PAGE 122)

POUR 300 G DE GANACHE :

10 CL DE CRÈME FRAÎCHE LIQUIDE (100 G)

30 G DE BEURRE TEMPÉRÉ

2 CL DE LAIT (20 G)

150 G DE CHOCOLAT NOIR À 57 % DE CACAO

POUR LE CONFIT DE CERISES NOIRES :

350 G DE CERISES NOIRES (275 G NET)

1,5 CL DE KIRSCH À 45° (15 G)

150 G DE GELÉE DE FRAMBOISES

POUR LA CRÈME CHANTILLY :

40 CL DE CRÈME FRAÎCHE LIQUIDE (400 G)

40 G DE SUCRE GLACE

POUR LA DORURE : LE JAUNE DE 1 PETIT ŒUF

POUR LA DÉCORATION :

100 G DE CHOCOLAT NOIR À 57 % DE CACAO

◆ La veille, préparez la pâte sablée, puis faites cuire la ganache. Râpez finement le chocolat dans un bol. Dans une casserole, portez la crème et le lait à ébullition, puis versez ce liquide sur le chocolat râpé en mélangeant délicatement à l'aide d'une spatule en bois. Coupez le beurre en petits dés, incorporez-le et tournez doucement jusqu'à ce qu'il soit fondu. Laissez refroidir, couvrez d'un film alimentaire et gardez cette ganache à température ambiante (18 °C).

◆ Préparez le confit. Rincez les cerises à l'eau fraîche et séchez-les dans un linge. Équeutez-les et dénoyautez-les en veillant à les conserver bien rondes. Mélangez la gelée de framboises et les cerises dans une bassine à confitures et portez à frémissement. Réservez dans une terrine au réfrigérateur.

◆ Le jour même, mélangez le kirsch au confit de cerises noires. Préchauffez le four à 180 °C (th. 6).

◆ Préparez le fond de tarte : étalez la pâte sablée sur un plan de travail légèrement fariné en un disque de 34 cm de diamètre et de 3 mm d'épaisseur. Beurrez un moule de 26 cm de diamètre et de 3 cm de hauteur, à fond amovible et à bords lisses, et déposez soigneusement la pâte. Pressez légèrement du bout des doigts sur le fond et sur les côtés, puis passez le rouleau sur le bord pour couper l'excédent de pâte. Piquez le fond de tarte à la fourchette et placez-le au frais 30 minutes, couvert d'un film alimentaire.

◆ Faites cuire le fond de tarte à blanc 10 minutes. À l'aide d'un pinceau, badigeonnez ensuite la pâte de jaune d'œuf battu et laissez cuire encore 5 minutes environ : le fond de tarte sera ainsi plus imperméable, aura un aspect doré et restera croustillant. Laissez refroidir ce fond dans le moule.

◆ Réchauffez la ganache dans un bain-marie, en remuant délicatement à l'aide d'une spatule en bois pour la fluidifier. Puis versez la ganache dans le fond de tarte.

◆ Mettez la crème fraîche et le sucre glace dans le bol d'un robot et battez en chantilly à l'aide du fouet.

◆ Disposez le confit de cerises en trois rangées séparées sur la ganache. Dressez la crème Chantilly entre ces rangées à l'aide d'une cuillère à soupe.

◆ Préparez le décor : dessinez un cercle de 26 cm de diamètre sur une feuille de papier sulfurisé. Tempérez le chocolat (voir *Les joyaux de la reine* page 48). Formez un cornet à l'aide d'un triangle de papier sulfurisé, garnissez-le de chocolat tempéré et dressez une dentelle de chocolat dans le cercle dessiné. Glissez le papier sulfurisé sur une plaque et mettez 5 minutes au réfrigérateur. Le chocolat figé, cette dentelle se décollera du papier. Décorez la tarte en posant délicatement cette dentelle sur le confit de cerises et la crème Chantilly.

Boucle d'Or et les trois ours

J. JACOBS

« Un jour, comme ils avaient préparé le petit déjeuner, ils décidèrent de partir se promener dans la forêt le temps que les assiettes remplies de porridge puissent refroidir. Car il n'était pas question de se brûler le museau en le mangeant tout de suite !

[…] Pendant qu'ils se promenaient ainsi tous les trois, une drôle de petite fille vint à passer devant leur maison. Ce n'était vraiment pas quelqu'un de très bien élevé. Pour commencer, elle regarda par la fenêtre. Ensuite, elle regarda à travers le trou de la serrure. Comme il n'y avait personne à l'intérieur, elle poussa le loquet. La porte n'était même pas verrouillée car les ours étaient des ours tout à fait pacifiques. Jamais ils ne faisaient de mal à personne et ils ne soupçonnaient jamais personne de faire du mal.

Donc, la petite fille ouvrit la porte et entra dans la petite maison. Elle fut ravie de découvrir le porridge sur la table.

Si seulement elle avait été une bonne petite fille, elle aurait attendu le retour des ours, et alors ils l'auraient certainement invitée à partager leur petit déjeuner. Car c'étaient vraiment de bons ours, un peu bougons parfois, comme le sont les ours, mais avant tout de bons ours, généreux et toujours prêts à rendre service.

Mais elle, elle n'était qu'une petite fille sans manières, et elle commença donc à se servir.

D'abord, elle goûta le porridge du grand ours, mais il était vraiment trop chaud. Ensuite, elle goûta le porridge du moyen ours, mais il était vraiment trop froid. Alors, elle goûta le porridge du petit ours. Celui-là n'était ni trop chaud ni trop froid, mais juste comme il fallait. Et elle le trouva tellement à son goût qu'elle le mangea tout entier. Mais là encore, la vilaine petite fille pesta. Cette assiette n'était pas assez grande à son goût. Elle aurait voulu plus de porridge ! »

PORRIDGE AU MIEL D'ACACIA

POUR 6 PERSONNES (800 G DE PORRIDGE)
PRÉPARATION : 10 MINUTES ◆ CUISSON : 20 MINUTES

45 CL DE LAIT ENTIER (450 G)

LES JAUNES DE 5 ŒUFS MOYENS (100 G)

75 G DE MIEL DE FLEUR D'ACACIA

10 CL DE CRÈME FRAÎCHE (100 G)

20 G DE FLOCONS D'AVOINE

30 G DE SEMOULE
DE BLÉ TENDRE

5 GRAPPES DE FLEURS D'ACACIA FRAÎCHES
À CUEILLIR DANS LES BOIS

- Rincez les fleurs d'acacia à l'eau fraîche et séchez-les dans un linge. Gardez uniquement les pétales et les pistils.
- Dans une casserole, faites frémir le lait avec le miel, les pétales et les pistils d'acacia. Ajoutez les flocons d'avoine et la semoule de blé tendre. Retirez du feu, couvrez et laissez gonfler les céréales.
- Mélangez dans un bol les jaunes d'œufs et la crème fraîche, versez sur le lait et les céréales, portez à ébullition, à feu moyen, en fouettant continuellement. Réduisez le feu et laissez frémir encore quelques instants à feu doux sans cesser de fouetter. La crème doit être bien épaisse. Versez alors la crème dans une terrine et laissez-la refroidir avant de la déguster.

LES PATTES D'OURS

POUR ENVIRON 20 PATTES D'OURS (460 G DE PÂTE)
PRÉPARATION : 40 MINUTES ♦ CUISSON : 10 MINUTES

200 G DE FARINE DE BLÉ

100 G DE BEURRE TEMPÉRÉ

100 G DE SUCRE SEMOULE

1 PETIT ŒUF (40 G)

3 G DE CACAO EN POUDRE NON SUCRÉ

4 G DE CANNELLE MOULUE

1 PINCÉE DE SEL

3 G DE LEVURE CHIMIQUE

1 CL DE LAIT (10 G)

POUR LA DÉCORATION :

100 G DE SUCRE CRISTALLISÉ

♦ Tamisez la farine sur un plan de travail. Creusez un puits et répartissez la cannelle, le cacao en poudre, le sel et la levure chimique sur le rebord. Déposez le beurre et le sucre dans le puits et travaillez-les du bout des doigts jusqu'à obtenir une crème onctueuse. Ramenez peu à peu la farine au centre et frottez délicatement ce mélange entre les mains jusqu'à obtenir une texture qui rappelle le sable. Formez un nouveau puits et versez le lait et l'œuf. Ramenez le mélange sablonneux sur le lait et l'œuf en pétrissant légèrement pour lier la pâte. Roulez la pâte en boule et emballez-la soigneusement dans un film alimentaire. Laissez-la reposer 1 heure au frais.

♦ Sortez la pâte du réfrigérateur 10 minutes avant de la travailler. Préchauffez le four à 180 °C (th. 6).

♦ Sur le plan de travail légèrement fariné, étalez la pâte sur 3 mm d'épaisseur. À l'aide d'un pinceau, badigeonnez la surface d'un peu d'eau. Choisissez trois emporte-pièces en forme d'étoile, chacun de taille différente, découpez des petits gâteaux dans la pâte et façonnez-les en pattes d'ours. Posez-les face mouillée dans le sucre cristallisé, retournez-les et déposez-les sur une plaque couverte de papier sulfurisé en les espaçant de 3 cm afin que leur cuisson soit régulière et que les biscuits ne collent pas entre eux.

♦ Mettez à cuire 10 minutes environ : les pattes vont bomber légèrement et la couche de sucre devenir brillante et craquelée. Laissez refroidir sur une grille. Savourez ces pattes d'ours accompagnées d'une crème anglaise à la cardamome.

L'ANTRE DE L'OGRE
ET DE LA SORCIÈRE

« Le maître Chat arriva enfin dans un beau château dont le maître
était un Ogre, le plus riche qu'on ait jamais vu, car toutes
les terres par où le roi avait passé étaient de la dépendance de ce château ».
(CH. PERRAULT, *Le Chat botté*.)

UNE LUEUR BRILLE DANS L'ÉPAISSE NUIT DE LA FORÊT. SERAIT-CE LA MAISON DES PARENTS ?

Non, c'est l'antre de l'ogre ou le repaire de la sorcière. Car après la fuite de la maison et l'errance dans la forêt, les héros des contes doivent affronter l'épreuve la plus dangereuse : celle où ils risquent d'être mangés. Parfois, la maison de l'ogre ou de la sorcière se reconnaît de loin, à son aspect sinistre et terrifiant. Les chemins sont couverts d'os et de carcasses. La chaumière de la terrible Baba-Yaga, la sorcière des contes russes, est l'une des plus sinistres : « Il y a une palissade construite d'ossements humains, et sur la palissade se trouvent des crânes humains avec leurs yeux ; sur la porte ; en lieu de crochets, il y a des tibias humains. »

Trotte-Vieille, une autre sorcière tout aussi effrayante, attrape les méchants enfants, les embroche sur ses cornes et les dévore.

Car les enfants dans les contes sont un mets recherché. Ce que rappelle Swift avec son ironie grinçante : « [...] Un jeune enfant bien sain, bien nourri, est, à l'âge d'un an, un aliment délicieux, très nourrissant et très sain, bouilli, rôti, à l'étuvée ou au four, et je ne mets pas en doute qu'il puisse également servir en fricassée ou en ragoût ».

Il arrive aussi que la maison de l'ogre ou de la sorcière soit au contraire terriblement attirante. Dans *Le Chat botté*, l'ogre habite un somptueux château. Dans *Hansel et Gretel*, la maison de la sorcière est une maison de rêve, qui se lèche et se grignote. Ses murs sont de pain d'épice, son toit, de biscuit, et ses fenêtres, de sucre filé.

Car l'ogre n'est pas seulement un géant comme ce bon Gargantua – dont la mère, selon la tradition orale reprise par Rabelais, était une fée – qui, nourrisson, buvait chaque jour le lait de 17 900 vaches. Il n'est pas seulement un goinfre qui avale, engloutit et dévore des montagnes de nourriture. C'est un *monstre* qui aime par-dessus tout la chair crue. « Il fleurait à droite et à gauche, disant qu'il sentait la chair fraîche.

"Il faut, lui dit sa femme, que ce soit ce veau que je viens d'habiller que vous sentez."

"Je sens la chair fraîche, te dis-je encore une fois", reprit l'Ogre, en regardant sa femme de travers. » (Ch. Perrault, *Le Petit Poucet*.)

On retrouve là l'opposition du cru et du cuit si chère aux anthropologues, et qui dans les contes sépare l'humain de l'animalité.

Heureusement, si l'ogre a un appétit d'ogre, il a également une cervelle de moineau. Et nos hardis petits personnages vont le vaincre... par la ruse. Les contes nous enseignent cette vérité rassurante : le plus fort n'a pas toujours raison, et la force brute ne saurait imposer partout sa loi. Hansel berne la sorcière et lui tend un petit os à la place de son doigt pour lui faire croire qu'il ne grossit toujours pas. Car la sorcière « plus vieille que les pierres » a l'habitude d'engraisser les enfants avant de les manger.

Poucet se lève au milieu de la nuit, prend les bonnets de ses frères ainsi que le sien et les met sur la tête des

sept filles de l'Ogre. Il pose ensuite sur sa tête et celle de ses frères les couronnes d'or des petites ogresses « afin que l'Ogre les prît pour ses filles, et ses filles pour les garçons qu'il voulait égorger. » (Ch. Perrault, *Le Petit Poucet.*)

En Irlande, à une époque où les fées ravissaient encore les petits garçons, on usait d'un semblable stratagème : les parents habillaient leurs fils avec des robes et des vêtements de fille.

Les contes font l'éloge de la ruse et de l'intelligence. L'ogre, comme la sorcière, perd sa fortune et connaît une fin impitoyable. Une fin d'ogre !

Jack dérobe la poule aux œufs d'or dans la maison de l'ogre ; le Petit Poucet s'empare des bottes de sept lieues ; quant à Gretel, elle précipite la sorcière dans le four : elle « la poussa un grand coup pour la faire basculer dedans, ferma la porte de fer et bloqua le gros écrou. Houla ! Quels hurlements affreux elle se mit à pousser là-dedans ! Mais Gretel s'éloigna de toute la vitesse de ses petites jambes, et il fallut bien que la maudite sorcière brûlât et pérît misérablement ». (J. et W. Grimm, *Contes).*

L'ogre et la sorcière, victimes de leur bêtise, n'y auront vu que du feu.

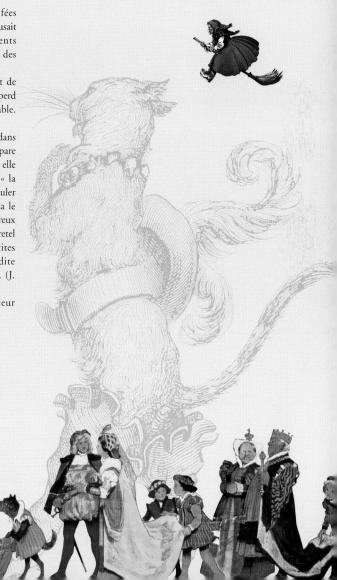

Blanche-Neige

JACOB ET WILHELM GRIMM

« Et le miroir répondit encore comme devant :
" Dame la reine, ici vous êtes la plus belle,
Mais Blanche-Neige, sur les monts
Là-bas chez les sept nains,
Est plus belle que vous et mille fois au moins ! "
Quand le miroir eut ainsi parlé, la reine trembla de rage et de fureur et s'écria : " Il faut que Blanche-Neige meure même si je dois y laisser ma vie ! "

[...] Alors elle alla s'enfermer dans une chambre secrète où personne n'entrait jamais, et, là, elle confectionna un terrible poison avec lequel elle fit une pomme empoisonnée ! Extérieurement elle était très belle, bien blanche avec des joues rouges, et si appétissante que nul ne pouvait la voir sans en avoir envie ; mais une seule bouchée, et c'était la mort.

Lorsque ses préparatifs furent achevés avec la pomme, la reine se brunit la figure et se costuma en paysanne, puis se rendit chez les sept nains en passant les sept montagnes. Quand elle eut frappé à la porte, Blanche-Neige passa la tête par la fenêtre et lui dit :

— Je ne peux laisser entrer personne au monde : les sept nains me l'ont défendu.

— Cela m'est égal, dit la paysanne, je saurais bien me débarrasser quand même de mes pommes. Tiens ! Je vais t'en donner une ! »

LES JALOUSIES DE LA REINE

POUR 6 PERSONNES
PRÉPARATION : 45 MINUTES ♦ CUISSON : 1 HEURE 10

800 G DE PÂTE SEMI-FEUILLETÉE
(VOIR LES ALLUMETTES AU SUCRE PAGE 32)
100 G D'AMANDES MOULUES
3 BELLES POMMES IDARED
50 G DE SUCRE CRISTALLISÉ
50 G DE BEURRE
POUR LA DORURE :
1 PETIT ŒUF
POUR LA DÉCORATION :
50 G DE SUCRE CRISTALLISÉ

♦ La veille, préparez la pâte semi-feuilletée.

♦ Le jour même, sur un plan de travail légèrement fariné, étalez la pâte sur environ 2 mm d'épaisseur. Enroulez-la autour du rouleau, puis posez-la sur la plaque du four en la déroulant délicatement : ainsi, elle ne se déformera pas lorsque vous la couperez.

♦ Découpez ensuite un rectangle de 12 cm de largeur sur 30 cm de longueur. Pour créer les bords de la tarte, coupez deux bandelettes longues de 30 cm et larges de 1 cm, puis deux autres, longues de 10 cm et larges de 1 cm. Humectez d'eau froide les bords du rectangle de pâte. Collez les bandelettes sur les lisières en alignant soigneusement les bords. Réservez au frais ce qui reste de pâte sur une plaque couverte de papier sulfurisé.

- Piquez le fond de tarte à l'aide d'une fourchette et parsemez d'amandes moulues. Laissez reposer la tarte au frais 30 minutes.
- Épluchez les pommes, coupez-les en quatre, évidez-les. Incisez légèrement le dessus des quartiers à la pointe du couteau. Faites chauffer le beurre et 50 g de sucre dans une poêle antiadhésive et mettez à dorer les quartiers de pomme sur leur face quadrillée. Retournez-les et laissez-les cuire encore quelques instants. Réservez-les dans un plat.
- Préchauffez le four à 210 °C (th. 7). Lorsque les pommes sont froides, posez-les sur le fond de tarte, face quadrillée sur le dessus. Découpez dans le reste de pâte des bandelettes larges de 5 cm et longues de 10 cm. Découpez des triangles de pâte et posez-les sur la surface de la tarte, puis badigeonnez-les d'œuf battu.
- Au moment d'enfourner, baissez la température à 180 °C (th. 6) et mettez à cuire 35 minutes environ : la pâte semi-feuilletée va dorer joliment. Sortez la tarte du four et saupoudrez-la de sucre cristallisé.
- Cette tarte est délicieuse accompagnée d'une crème glacée à la cannelle.

LES POMMES CROQUANTES AU CARAMEL

POUR 4 PERSONNES
PRÉPARATION : 10 MINUTES ◆ CUISSON : 20 MINUTES

4 BELLES PETITES POMMES ROUGES
POUR LE SUCRE CUIT AU CARAMEL :
500 G DE SUCRE SEMOULE
5 GOUTTES DE JUS DE CITRON
12,5 CL D'EAU (125 G)

- Rincez les pommes à l'eau fraîche et séchez-les soigneusement dans un linge. Dans une casserole, faites chauffer l'eau avec le sucre et le jus de citron. Lorsque le sucre bout, nettoyez les parois intérieures de la casserole à l'aide d'un pinceau et d'un peu d'eau. Posez un thermomètre à sucre dans la casserole : lorsqu'il atteint 155 °C, le caramel est clair et dit au « gros cassé ». Froid, il sera croquant comme un bonbon.
- Ôtez la casserole du feu. Piquez chaque pomme sur une fourchette et trempez-les dans le caramel. Enrobez-les en veillant à ce que la couche de caramel ne soit pas trop épaisse. Attendez que le caramel se solidifie un peu avant de poser les pommes sur une feuille de papier sulfurisé.
- Réchauffez le reste de caramel en remuant à l'aide d'une spatule en bois. Lorsqu'il est bien liquide, ôtez-le du feu, prenez deux fourchettes entre le pouce et l'index, trempez-les rapidement dans le caramel et secouez-les au-dessus d'une feuille de papier sulfurisé. Le sucre cuit va tomber en filets dorés. Recommencez plusieurs fois, puis réunissez ces fils dorés en un petit nid. Déposez chaque pomme dans un nid de sucre. À l'aide d'une cuillère à soupe, faites couler encore quelques gouttes sur les fruits.

Hansel et Gretel

JACOB ET WILHELM GRIMM

« En approchant, ils virent que la maisonnette avait des murs de pain d'épice et un toit de biscuit ; quant aux fenêtres, elles étaient de sucre filé.

[…] Là, ils eurent devant eux de bonnes choses à manger, du lait et des crêpes au sucre, des pommes et des noix. »

LES CRÊPES
AUX FLEURS D'ACACIA

POUR 8 CRÊPES (470 G DE PÂTE À CRÊPE)
PRÉPARATION : 25 MINUTES ◆ CUISSON : 5 MINUTES

20 CL DE LAIT ENTIER (200 G)

100 G DE FARINE DE BLÉ

2 ŒUFS MOYENS (100 G)

30 G DE MIEL DE FLEUR D'ACACIA

1 PINCÉE DE SEL

8 BELLES GRAPPES DE FLEURS D'ACACIA

POUR LA CUISSON :

20 G DE BEURRE

2 CL D'HUILE D'ARACHIDE (20 G)

POUR LA DÉCORATION :

20 G DE SUCRE GLACE

- Rincez les fleurs d'acacia à l'eau fraîche. Égouttez-les et séchez-les délicatement dans un linge. Ôtez les fleurs des tiges.
- Dans une terrine, mélangez au fouet la farine et le lait, ajoutez les œufs, le sel et le miel.
- Faites chauffer un peu de beurre et un peu d'huile dans une poêle antiadhésive de 22 cm de diamètre. Versez 1 louche de pâte, parsemez de fleurs d'acacia et faites dorer à feu doux. Lorsque la crêpe se décolle, retournez-la et laissez cuire encore 2 à 3 minutes, à feu doux.
- Servez les crêpes tièdes et saupoudrez-les généreusement de sucre glace.

LA MAISON
EN PAIN D'ÉPICE

POUR 12 PERSONNES
PRÉPARATION : 1 HEURE 30 ◆ CUISSON : 15 MINUTES

POUR UNE MAISON HAUTE D'ENVIRON 25 CM,

LARGE DE 10 CM ET LONGUE DE 20 CM :

2 KG DE PÂTE À PAIN D'ÉPICE

(VOIR LES BONSHOMMES EN PAIN D'ÉPICE PAGE 25)

POUR LA DÉCORATION :

50 PETITS BISCUITS SABLÉS

(VOIR LES DOIGTS DE FÉE PAGE 42 ;

LES GALETTES AU BEURRE

DE LA MÈRE-GRAND PAGE 58 ;

LES PATTES D'OURS PAGE 80 ;

LES PETITES MERINGUES À LA ROSE PAGE 150)

140 G DE GLACE ROYALE

(VOIR LES ALLUMETTES AU SUCRE PAGE 32)

FRUITS SECS (AMANDES ENTIÈRES ET

ÉMONDÉES, PISTACHES, NOISETTES ET NOIX),

BONBONS GIVRÉS À LA VIOLETTE,

AU MIEL, AU PIN

POUR LA DORURE :

10 CL DE LAIT (100 G)

POUR ASSEMBLER LA MAISON : 500 G

DE CHOCOLAT NOIR À 57 % DE CACAO

- Le jour même, sur un plan de travail légèrement fariné, étalez la pâte à pain d'épice sur une épaisseur de 3 mm et glissez-la sur la plaque du four couverte de papier sulfurisé. En vous aidant d'un modèle en carton et d'un petit couteau, découpez le socle, les murs et le toit de la maison en veillant à laisser un espace de 5 cm entre les morceaux.

- Préchauffez le four à 170 °C (th. 5-6). À l'aide d'un pinceau, badigeonnez le pain d'épice d'un peu de lait et garnissez de fruits secs pour le décorer. Mettez à cuire 15 minutes environ : le pain d'épice va gonfler et devenir très lisse et de couleur caramel clair. Laissez-le refroidir sur une grille.

- Tempérez le chocolat (voir *Les joyaux de la reine* page 48). À l'aide d'une spatule métallique, répartissez les trois quarts du chocolat sur les faces intérieures des murs et du toit de la maison pour les consolider. Laissez figer, puis assemblez la maison : collez les murs autour du socle avec ce qui reste de chocolat tempéré et fixez le toit.

- À l'aide d'une poche et d'une douille simple, décorez le toit de glace royale, de petits biscuits et de bonbons givrés.

Le Chat botté

CHARLES PERRAULT

« —On m'a assuré encore, dit le Chat, mais je ne saurais le croire, que vous aviez aussi le pouvoir de prendre la forme des plus petits animaux, par exemple de vous changer en un rat, en une souris ; je vous avoue que je tiens cela pour tout à fait impossible.

— Impossible ? reprit l'Ogre. Vous allez voir.

Et en même temps il se changea en une souris qui se mit à courir sur le plancher. Le Chat ne l'eut pas plus tôt aperçue qu'il se jeta dessus et la mangea. »

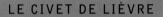

LE CIVET DE LIÈVRE

POUR 8 PERSONNES
PRÉPARATION : 30 MINUTES ◆ CUISSON : 2 HEURES 30

1 LIÈVRE DE BELLE TAILLE,
DÉCOUPÉ EN MORCEAUX
POUR LA CUISSON :
8 CL D'HUILE D'ARACHIDE (80 G), 2 OIGNONS
300 G DE POITRINE DE PORC FUMÉE,
COUPÉE EN LARDONS, 10 G DE BEURRE
30 G DE FARINE DE BLÉ , 3 GOUSSES D'AIL
1 BOUQUET GARNI NOUÉ DANS UNE
MOUSSELINE, 12,5 CL D'ALCOOL DE QUETSCHES
À 45° (125 G), SEL ET POIVRE DU MOULIN
POUR LA MARINADE :
1 OIGNON, 1 CAROTTE
2 FEUILLES DE SAUGE ET DE LAURIER
1 PINCÉE DE MARJOLAINE ET DE NOIX
DE MUSCADE MOULUE
SEL ET POIVRE DE MOULIN
1 LITRE DE VIN ROUGE

◆ La veille, salez et poivrez les morceaux de lièvre. Mettez-les dans une terrine avec le vin rouge, l'oignon et la carotte coupés en fines rondelles, les aromates et les épices. Couvrez d'un film alimentaire et laissez mariner une nuit.

◆ le jour même, égouttez les morceaux de viande en recueillant le jus de la marinade.

◆ Faites chauffer l'huile dans une cocotte et saisissez les morceaux de lièvre sur toutes les faces. Ôtez-les de la cocotte. Faites alors rissoler les lardons et les oignons finement hachés ; lorsqu'ils sont fondus réservez-les. Dégraissez la cocotte, puis faites fondre le beurre, ajoutez la farine et mélangez à l'aide d'une cuillère en bois. Quand le mélange prend une belle couleur brune, mouillez avec le vin de la marinade et l'alcool. Portez à frémissement en remuant. Ajoutez alors la viande, le bouquet garni et l'ail écrasé, salez et poivrez. Couvrez et laissez cuire à feu doux 2 heures 30 environ. Le fond de cuisson ne devant pas trop réduire, ajoutez de temps en temps un petit verre d'eau si nécessaire. Piquez la viande avec la pointe d'un couteau pour en vérifier la cuisson : elle doit être tendre. Retirez-la et passez la sauce dans un chinois fin. Mettez à nouveau la viande, les lardons et la sauce dans la cocotte et faites réchauffer doucement.

◆ Servez le civet accompagné d'oignons grelots et de champignons rissolés.

LE BLANC-MANGER DE L'OGRE

POUR 8 PERSONNES (1500 G DE BLANC-MANGER)
PRÉPARATION : 40 MINUTES

45 CL DE LAIT ENTIER (450 G)
LES JAUNES DE 5 ŒUFS MOYENS (100 G)
75 G DE SUCRE SEMOULE
50 + 10 CL DE CRÈME FRAÎCHE (600 G)
20 G DE FÉCULE DE MAÏS
60 G D'AMANDES ÉMONDÉES MOULUES
1 GOUSSE DE VANILLE
4 FEUILLES DE GÉLATINE
100 G DE FRAMBOISES FRAÎCHES
2 GOUTTES D'ESSENCE DE VIOLETTE
POUR LA DÉCORATION :
100 G DE FRAMBOISES FRAÎCHES
QUELQUES VIOLETTES CRISTALLISÉES
25 CL DE CRÈME FRAÎCHE LIQUIDE (250 G)
25 G DE SUCRE GLACE

- La veille, mettez à tremper les feuilles de gélatine dans un bol d'eau froide. Dans une casserole à fond épais, faites frémir le lait avec le sucre et la gousse de vanille fendue en deux dans la longueur. Ajoutez alors les amandes moulues et mélangez. Retirez du feu, couvrez et laissez infuser quelques minutes. Ôtez la gousse de vanille.

- Mélangez dans un bol la fécule de maïs, 10 cl de crème fraîche et les jaunes d'œufs en veillant à ce qu'il n'y ait pas de grumeaux. Versez cette préparation dans le lait parfumé et portez à ébullition sur feu moyen en fouettant continuellement. Réduisez le feu et laissez frémir encore quelques instants à feu doux sans cesser de fouetter.

- Lorsque la crème est bien épaisse, versez-la dans une terrine. Égouttez les feuilles de gélatine et mélangez-les à la crème encore chaude, puis ajoutez l'essence de violette. Fouettez doucement et laissez refroidir.

- Dans une terrine bien froide, fouettez 50 cl de crème fraîche à l'aide du batteur. Lissez la crème aux amandes et ajoutez la moitié de la crème battue en remuant vivement. Incorporez ensuite le reste de crème battue en mélangeant délicatement avec le fouet.

- Beurrez légèrement un moule à gâteau de 20 cm de diamètre. Versez la moitié du blanc-manger, parsemez de framboises fraîches, puis couvrez de blanc-manger. Posez le gâteau une nuit au réfrigérateur.

- Le jour même, retournez le moule sur un plat de service, entourez-le d'un linge passé dans de l'eau très chaude et démoulez avec précaution le blanc-manger.

- Dans une terrine bien froide, fouettez la crème liquide avec le sucre glace à l'aide du batteur. Nappez le blanc-manger de cette crème Chantilly et décorez d'une couronne de framboises fraîches et de quelques violettes cristallisées.

LE GÂTEAU DU MARQUIS DE CARABAS

POUR 8 PERSONNES (1435 G DE PÂTE À BISCUIT)
PRÉPARATION : 45 MINUTES ♦ CUISSON : 1 HEURE

250 G DE FARINE DE BLÉ

250 G DE BEURRE TEMPÉRÉ

250 G DE SUCRE SEMOULE

150 G D'AMANDES MOULUES

1 SACHET DE LEVURE CHIMIQUE (15 G)

10 CL DE PINOT NOIR (100 G)

10 G DE CANNELLE MOULUE

10 G DE CACAO AMER EN POUDRE

150 G DE CHOCOLAT NOIR À 57 % DE CACAO

5 ŒUFS MOYENS (250 G)

POUR 300 G DE GANACHE :

10 CL DE CRÈME FRAÎCHE LIQUIDE (100 G)

30 G DE BEURRE TEMPÉRÉ

2 CL DE LAIT (20 G)

150 G DE CHOCOLAT NOIR À 57 % DE CACAO

POUR LA DÉCORATION :

150 G DE CHOCOLAT NOIR À 57 % DE CACAO

POUR LE MOULE :

30 G DE BEURRE, 30 G DE FARINE DE BLÉ

- Préchauffez le four à 180 °C (th. 6).
- Tamisez la farine, le cacao, la cannelle et la levure chimique, puis ajoutez les amandes en poudre. Râpez finement le chocolat.
- Dans une terrine, battez le beurre avec le sucre jusqu'à obtenir une crème onctueuse. Ajoutez le vin, le chocolat râpé puis le mélange farine-amandes-épices-cacao-levure en remuant à l'aide d'une cuillère en bois. Incorporez les œufs un à un, en remuant toujours. Beurrez généreusement un moule à gâteau en forme de couronne, de 26 cm de diamètre et 12 cm de hauteur, puis farinez-le légèrement. Versez la pâte et mettez à cuire 1 heure. Vérifiez la cuisson du gâteau en piquant une lame de couteau au cœur du gâteau : elle doit ressortir sèche. Démoulez le gâteau sur une grille et laissez refroidir.
- Préparez la ganache : râpez finement le chocolat dans une terrine. Dans une casserole, portez la crème fraîche et le lait à ébullition, puis versez ce liquide sur le chocolat râpé et mélangez délicatement à la spatule en bois. Coupez le beurre en petits dés, incorporez-le et tournez doucement jusqu'à ce qu'il soit fondu. Laissez tiédir.
- Tempérez le chocolat (voir *Les joyaux de la reine* page 48). Sur une feuille de papier d'aluminium, déposez des gouttes de chocolat à l'aide d'une cuillère à café, puis étirez-les avec le dos de la cuillère pour leur donner la forme d'une plume. Laissez figer à une température ambiante de 18° C.
- Décorez le gâteau en coulant la ganache sur la couronne, laissez figer quelques instants puis disposez les petites plumes de chocolat.
- Vous pouvez savourer ce gâteau avec une crème anglaise à la cannelle.

Finette Cendron

MADAME D'AULNOY

« L'ogre était friand, il dit : " Ah, ça, mettons vite ces bonnes ouvrières en besogne ; mais, dit-il à Finette, quand tu as mis le feu au four, comment peux-tu savoir s'il est assez chaud ? " " Monseigneur, répliqua-t-elle, j'y jette du beurre, et puis j'y goûte avec la langue. " " Eh bien, dit-il, allume donc le four. " Ce four était aussi grand qu'une écurie, car l'ogre et l'ogresse mangeaient plus de pain que deux armées. La princesse y fit un feu effroyable, il était embrasé comme une fournaise, et l'ogre qui était présent, attendant le pain tendre, mangea cent agneaux et cent petits cochons de lait. Fleur d'Amour et Belle-de-Nuit accommodaient la pâte. Le maître ogre dit : " Eh bien, le four est-il chaud ? " Finette répondit : " Monseigneur, vous l'allez voir. " Elle jeta devant lui mille livres de beurre au fond du four, et puis elle dit : " Il faut tâter avec la langue mais je suis trop petite. " " Je suis assez grand ", dit l'ogre ; et se baissant, il s'enfonça si avant qu'il ne pouvait plus se retirer, de sorte qu'il brûla jusqu'aux os. Quand l'ogresse vint au four, elle demeura bien étonnée de trouver une montagne de cendre des os de son mari. »

LE COCHON DE LAIT RÔTI DANS LA CHEMINÉE

POUR 12 PERSONNES
PRÉPARATION : 30 MINUTES ◆ CUISSON : 2 HEURES 30

1 COCHON DE LAIT DE 4 À 5 KG, PRÊT À RÔTIR
6 OIGNONS, 8 GOUSSES D'AIL
12 PETITES POMMES DE TERRE
10 CL DE VIN BLANC (100 G)
10 CL D'EAU (100 G)
100 G DE BEURRE
3 FEUILLES DE LAURIER
3 BRANCHES DE THYM
1 BRANCHE DE ROMARIN
5 G DE CORIANDRE PILÉE
300 G DE SAINDOUX
SEL ET POIVRE DU MOULIN

- Épluchez les oignons et l'ail. Émincez les oignons et écrasez l'ail.
- Pratiquez de petites entailles à la tête, aux épaules et à la cuisse pour que la peau du cochon ne se déchire pas. Salez et poivrez le cochon.
- Faites fondre le saindoux, puis badigeonnez généreusement le cochon à l'aide d'un pinceau.
- Mettez le cochon à rôtir à la broche environ 2 heures 30. Placez dessous une grande lèchefrite, mettez l'eau, le vin blanc, le beurre, les aromates, les oignons émincés et l'ail écrasé.
- Badigeonnez plusieurs fois le cochon de saindoux fondu en cours de cuisson et arrosez-le régulièrement du jus de la lèchefrite. Si ce dernier venait à manquer, rajoutez un peu de vin blanc.
- Brossez les pommes de terre sous l'eau fraîche, posez-les dans la lèchefrite après 1 heure de cuisson : elles vont doucement confire dans le jus de viande.
- Quand le cochon est cuit, servez-le dans l'instant.

D'UN CHÂTEAU À L'AUTRE

« Comme elle était en chemin, on lui dit qu'il y avait proche du lieu
où elle passait un ancien château de fées, le plus beau du monde,
tout au moins qu'on le croyait tel par une tradition qui était restée ; car
d'ailleurs comme personne n'y entrait, on n'en pouvait juger. »
(Madame d'Aulnoy, *La Chatte blanche*.)

DANS LA PLUPART DES CONTES, IL Y A UN CHÂTEAU. IL SYMBOLISE LA FORCE ET LA PUISSANCE.

C'est la demeure du roi et de la reine (et parfois de l'ogre, comme dans *Le Chat botté*).

Le château assure protection et couvert à ceux qui y trouvent refuge. Un vieux souvenir du Moyen Âge, où les habitants des villages venaient s'y enfermer lorsque des bandes de soldats ou de brigands les attaquaient.

Dans la cuisine du château, des cheminées immenses permettaient de rôtir des bœufs entiers, des moutons et des cochons. La lumière, la chaleur y étaient plus vives qu'ailleurs. Et l'on ne craignait jamais la faim grâce aux réserves de victuailles amassées dans les oubliettes.

Les contes ont gardé la mémoire de cette vie de château.

Dans le château des contes, les fées sont également présentes. Elles assistent à la naissance des princes et des princesses et prononcent des vœux. C'est la traditionnelle scène des dons, au cours de laquelle ces êtres surnaturels offrent des grâces inouïes : beauté, esprit, bravoure... Les rois les invitent toujours autour du berceau avec beaucoup d'égards. « Je vous conjure de m'honorer de votre visite et de douer mon enfant ». Car entre leurs doigts se nouent et se dénouent les fils du destin.

Mais quand les fées se penchent sur un berceau, le destin s'annonce funeste. Certaines fois, les fées qui savent lire l'avenir sont chargées d'annoncer aux parents la menace qui

pèse sur l'enfant.

D'autres fois, une mauvaise fée ou une sorcière vient assombrir le moment des réjouissances. Susceptible, elle se vexe parce qu'elle n'a pas été invitée ou que son couvert n'est ni d'or ni d'argent.

Elle s'irrite, car le roi, dans un moment d'émotion, a écorché son nom en l'accueillant.

Alors, même les bonnes fées n'y peuvent rien ; le sort est jeté, elles ne pourront que l'alléger.

Dans *La Belle au bois dormant*, bien qu'on eût pris soin d'enlever toutes les quenouilles du château, la jeune princesse se pique au doigt et s'endort d'un sommeil mystérieux, et avec elle le château et tous ses occupants. Pour cent ans : « Ils s'endormirent tous pour ne se réveiller qu'en même temps que leur maîtresse, afin d'être tout prêts à la servir quand elle en aurait besoin ; les broches mêmes, qui étaient au feu pleines de perdrix et de faisans, s'endormirent, et le feu aussi. » (Ch. Perrault, *La Belle au bois dormant*.)

Le château devient alors inaccessible. Il est entouré de broussailles si épaisses que seul le haut de ses tours demeure visible.

Il est d'autres châteaux encore plus inaccessibles

dans les contes.
Ils sont gardés par
de terribles dragons ou
des chiens monstrueux.
Un ogre y a établi ses
quartiers. La Bête y vit
retranchée. Une jeune fille est prisonnière du
donjon. Un trésor est caché dans les murs…

Nos héros, égarés dans la forêt, vont
réussir l'impossible. Quand le prince s'avance
vers le château de la Belle au bois dormant,
les grands arbres, les ronces et les épines
s'écartent d'elles-mêmes pour le laisser passer.
Et la belle endormie s'éveille d'un baiser.

À force de ruses, de courage, ou tout
simplement parce qu'ils ont le cœur pur, les
héros accèdent enfin au château. Sombre et
noir, celui-ci se transforme, sitôt le sort levé,
en un château de lumière. Vite qu'on prépare
une fête galante, un festin de roi, qu'on
célèbre des noces !

Car dans les contes, tout commence et
tout finit par une scène gourmande.

La Belle et la Bête

MADAME LEPRINCE DE BEAUMONT

« Le marchand l'attacha dans l'écurie, et marcha vers la maison, où il ne trouva personne ; mais étant entré dans une grande salle, il y trouva un bon feu ; et une table chargée de viande, où il n'y avait qu'un couvert. Comme la pluie et la neige l'avaient mouillé jusqu'aux os, il s'approcha du feu pour se sécher, et disait en lui-même, le maître de la maison ou ses domestiques me pardonneront la liberté que j'ai prise, et sans doute ils viendront bientôt. Il attendit pendant un temps considérable ; mais onze heures ayant sonné sans qu'il vit personne, il ne put résister à la faim et prit un poulet, qu'il mangea en deux bouchées, et en tremblant. Il but aussi quelques coupes de vin, et devenu plus hardi, il sortit de la salle et traversa plusieurs appartements, magnifiquement meublés. À la fin, il trouva une chambre, où il y avait un bon lit, et comme il était minuit passé, et qu'il était las, il prit le parti de fermer la porte, et de se coucher.

Il était dix heures du matin, quand il se leva le lendemain, et il fut bien surpris de trouver un habit fort propre, à la place du sien, qui était tout gâté.

Assurément, dit-il en lui-même, ce palais appartient à quelque bonne fée, qui a eu pitié de ma situation.

Il regarda par la fenêtre, et il ne vit plus de neige, mais des berceaux de fleurs qui enchantaient la vue. Il rentra dans la grande salle, où il avait soupé la veille, et vit une petite table où il y avait du chocolat.

"Je vous remercie, madame la fée, dit-il tout haut, d'avoir eu la bonté de penser à mon déjeuner." »

CHOCOLAT CHAUD
À LA CANNELLE

POUR 6 PERSONNES (1250 G DE CHOCOLAT CHAUD)
PRÉPARATION : 10 MINUTES ◆ CUISSON : 15 MINUTES

250 G DE CHOCOLAT NOIR À 57 % DE CACAO
60 CL DE LAIT ENTIER (600 G)
40 CL DE CRÈME FRAÎCHE LIQUIDE (400 G)
2 PETITS BÂTONS DE CANNELLE DE CHINE

- Râpez finement le chocolat. Dans une casserole à fond épais, faites frémir le lait avec la crème et la cannelle.
- Ôtez la casserole du feu et laissez le mélange infuser. Retirez les bâtons de cannelle puis versez le chocolat.
- Remuez doucement à l'aide d'un fouet : le chocolat doit être parfaitement fondu.
- Laissez la cuisson se poursuivre à feu très doux quelques minutes en fouettant doucement : le chocolat sera encore plus onctueux et crémeux.

PETITS BISCUITS
AUX NOIX
ET À LA VANILLE

POUR ENVIRON 60 PETITS BISCUITS (600 G DE PÂTE)
PRÉPARATION : 40 MINUTES ◆ CUISSON : 8 MINUTES

230 G DE BEURRE TEMPÉRÉ
90 G DE SUCRE GLACE
LE BLANC DE 1 GROS ŒUF (40 G)
200 G DE FARINE DE BLÉ
1 PINCÉE DE SEL
70 G DE CERNEAUX DE NOIX MOULUS
1 GOUSSE DE VANILLE
POUR LA DÉCORATION :
10 G DE SUCRE GLACE
10 G DE CACAO EN POUDRE

- Fendez la gousse de vanille en deux dans la longueur et grattez les graines de la pointe du couteau. Mettez le beurre, le sucre glace, le sel et les graines de vanille dans le bol d'un robot ménager et fouettez jusqu'à ce que ce mélange prenne la consistance d'une pommade. Ajoutez le blanc d'œuf et fouettez encore pour obtenir une crème onctueuse et très mousseuse.
- Tamisez la farine et les noix moulues. À l'aide d'une cuillère en bois, incorporez-les délicatement dans la crème mousseuse.
- Préchauffez le four à 200 °C (th. 6-7). Dressez des petits serpentins de pâte sur une plaque couverte de papier sulfurisé en vous aidant d'une poche et d'une douille cannelée.
- Mettez à cuire environ 8 minutes : les biscuits vont légèrement s'étaler sur la plaque. Ils seront parfaitement cuits lorsqu'ils auront pris une belle couleur jaune doré.
- Laissez-les refroidir sur une grille et saupoudrez-les d'un peu de sucre glace et de poudre de cacao.

Babiole

MADAME D'AULNOY

«On ouvrit aussitôt un salon, pavé de marbre peint et doré, qui était des plus propres du palais ; il y entra avec une partie de sa suite ; mais comme les singes sont grands fureteurs de leur métier, ils allèrent découvrir un certain coin dans lequel on avait arrangé maints pots de confitures ; voilà mes gloutons après ; l'un tenait une tasse de cristal pleine d'abricots, l'autre une bouteille de sirop, celui-ci des pâtés, celui-là des massepains. »

LES POMMES EN HABITS DE FÊTE

POUR 8 PERSONNES
PRÉPARATION : 40 MINUTES ◆ CUISSON : 40 MINUTES

800 G DE PÂTE SEMI-FEUILLETÉE
(VOIR LES ALLUMETTES AU SUCRE PAGE 32)
8 PETITES POMMES IDARED
POUR LE SIROP :
500 G DE SUCRE CRISTALLISÉ
50 CL D'EAU (500 G)
3 GOUSSES DE VANILLE
POUR LA DORURE : 1 PETIT ŒUF
POUR LA DÉCORATION :
50 G DE SUCRE CRISTALLISÉ

- La veille, préparez la pâte semi-feuilletée et les pommes au sirop vanillé.
- Dans une casserole, faites frémir l'eau avec le sucre et les gousses de vanille fendues en deux dans la longueur. Pelez les pommes sans ôter la queue, et plongez-les dans le sirop. Faites pocher à petit frémissement 10 minutes environ. Laissez refroidir dans la casserole et réservez au frais.
- Le jour même, étalez la pâte sur un plan de travail légèrement fariné. Passez doucement les mains sous cette abaisse pour la détendre et éviter qu'elle ne se rétracte au moment de la découpe. Découpez ensuite 8 carrés de 12 cm de côté. Dans les chutes de pâte, découpez également quelques feuilles à l'aide d'un emporte-pièce et réservez.
- À l'aide d'un pinceau, badigeonnez le dessus de chaque carré de pâte d'un peu d'œuf battu et posez délicatement une pomme égouttée au centre, puis relevez un à un les angles des carré de pâte jusqu'à la queue de chaque pomme. Avec la paume de la main, appuyez sur le fruit pour que la pâte en épouse parfaitement le contour. Pour finir, disposez autour de la queue des feuilles en pâte en les collant avec de l'œuf battu.
- Placez les pommes au frais 30 minutes couvertes d'un film alimentaire.
- Préchauffez le four à 200 °C (th. 6-7).
- À l'aide d'un pinceau, badigeonnez les pommes en habit de fête d'œuf battu et parsemez de sucre cristallisé. Au moment d'enfourner, baissez la température à 180 °C (th. 6) et mettez à cuire 40 minutes environ.
- Posez les pommes dorées et crous-tillantes sur une grille. Servez-les tièdes accompagnées d'une crème anglaise à la cannelle.

LA CONFITURE D'ORANGES, DE KUMQUATS ET DE GINGEMBRE

POUR 7 POTS DE 220 G
PRÉPARATION : 30 MINUTES ◆ CUISSON : 30 MINUTES

500 G DE KUMQUATS NON TRAITÉS
500 G D'ORANGES NON TRAITÉES
800 G DE SUCRE CRISTALLISÉ
LE JUS DE 3 CITRONS
5 G DE GINGEMBRE FRAIS FINEMENT RÂPÉ

- Deux jours à l'avance, rincez les kumquats, coupez-les en quatre, ôtez les pépins et mettez ces derniers dans une mousseline. Rincez les oranges et détaillez-les en très fines rondelles.
- Dans une bassine à confitures, mélangez les quartiers de kumquat, les rondelles d'orange, le sucre, le jus des citrons, le gingembre ainsi que les pépins de kumquat. Portez à frémissement, versez dans une terrine, couvrez d'une feuille de papier sulfurisé et réservez au frais une nuit.
- La veille, portez à nouveau à frémissement, puis réservez la terrine au frais, couverte d'une feuille de papier sulfurisé.
- Le jour même, portez la préparation à ébullition et maintenez la cuisson 5 minutes environ en remuant continuellement. Écumez soigneusement. Ôtez la mousseline de pépins, redonnez un bouillon, vérifiez la nappe et remplissez aussitôt les pots.

LES DÉLICES DE BABIOLE

POUR ENVIRON 60 MERINGUES (500 G DE MERINGUES)
PRÉPARATION : 20 MINUTES ◆ CUISSON : 2 HEURES

LES BLANCS DE 4 ŒUFS MOYENS (120 G)
120 + 120 G DE SUCRE SEMOULE
130 G D'AMANDES ÉMONDÉES MOULUES
10 GOUTTES D'EAU DE FLEUR D'ORANGER
1 PINCÉE DE SEL
POUR LA DÉCORATION :
10 G DE SUCRE GLACE

- Dans un bol, mettez les blancs avec le sel et l'eau de fleur d'oranger et montez-les en neige ferme à l'aide d'un batteur, tout en versant 120 g de sucre en pluie.
- Mélangez les amandes moulues et 120 g de sucre, et incorporez délicatement ce mélange aux blancs en neige à l'aide d'une cuillère en bois.
- Préchauffez le four à 110 °C (th. 3-4). Dressez des petites meringues sur une plaque couverte de papier sulfurisé à l'aide d'une cuillère à soupe, mettez à cuire et laissez ainsi sécher les meringues 2 heures : elles vont gonfler et prendre une jolie couleur crème. Saupoudrez-les de sucre glace avant de les déguster.

LE CONFIT D'ABRICOTS

POUR 680 G DE CONFIT
PRÉPARATION : 10 MINUTES ◆ CUISSON : 15 MINUTES

650 G D'ABRICOTS BERGERONS MÛRS (500 G NET)
150 G DE SUCRE CRISTALLISÉ
LE JUS DE 1/2 CITRON
30 G D'AMANDES EFFILÉES

◆ Rincez les abricots à l'eau fraîche.
Ouvrez-les en deux et dénoyautez-les.
Réservez les noyaux.
◆ Dans une terrine, mélangez les abricots,
le sucre, le jus du citron et laissez macérer
1 heure.
◆ Cassez les noyaux des abricots à l'aide
d'un casse-noix. Mettez les abricots dans
une casserole à fond épais et portez à
frémissement. Versez dans une terrine,
ajoutez les amandes des abricots et les
amandes effilées, mélangez et laissez
refroidir. Réservez au frais.

LE KUGELHOPF

POUR 8 PERSONNES (1000 G DE PÂTE)
PRÉPARATION : 45 MINUTES ◆ CUISSON : 1 HEURE

100 + 300 G DE FARINE DE BLÉ
25 G DE LEVURE FRAÎCHE
60 G DE SUCRE SEMOULE, 1 PETIT ŒUF (40 G)
20 CL DE LAIT ENTIER FROID (200 G)
10 G DE SEL, 180 G DE BEURRE TEMPÉRÉ
100 G DE RAISINS SECS
1,5 CL DE KIRSCH (15 G)
1,5 CL D'EAU (15 G)
50 G D'AMANDES ENTIÈRES
POUR LA DÉCORATION :
15 G DE SUCRE GLACE
POUR LE MOULE : 30 G DE BEURRE

◆ Mettez les raisins secs dans un bol avec le
kirsch et l'eau et laissez macérer le temps
de préparer la pâte.

◆ Tamisez 100 g de farine, ajoutez la levure
fraîche, le lait et mélangez. Couvrez ce
« petit levain » d'un film alimentaire et
laissez reposer 15 minutes à température
ambiante (22° C). Tamisez 300 g de farine
sur le plan de travail. Creusez un puits et
répartissez le sel et le sucre sur le rebord.
Déposez le « petit levain » et l'œuf dans le
puits et ramenez peu à peu la farine au
centre, en pétrissant vivement la pâte
environ 10 minutes : elle est prête
lorsqu'elle se décolle aisément des doigts.
◆ Incorporez alors le beurre tempéré en
battant. Ajoutez les raisins macérés à cette
pâte souple et luisante, et battez encore
quelques instants. Roulez la pâte en boule,
posez-la dans un large bol. Couvrez-la
d'un linge et laissez reposer 1 heure à
température ambiante.
◆ Lorsque la pâte a presque doublé de
volume, roulez-la quelques secondes entre
les mains. Puis couvrez-la de nouveau et
laissez reposer encore 20 minutes à
température ambiante. (Vous pouvez
fabriquer cette pâte la veille et la réserver
au réfrigérateur, couverte d'un film
alimentaire. Dans ce cas, sortez la pâte à
température ambiante 20 minutes avant
de la travailler.)
◆ Beurrez généreusement un grand moule
à kugelhopf de 1 kg (ou une quinzaine de
petits moules pouvant contenir 60 g de
pâte). Plongez les amandes 1 minute dans
de l'eau très chaude, et posez 1 amande
dans chaque rainure du moule.
Remplissez ensuite ce dernier de la boule
de pâte. Couvrez d'un linge et laissez
reposer 1 heure 30 environ à température
ambiante : la pâte va presque doubler de
volume.
◆ Préchauffez le four à 200 °C (th. 7). Au
moment d'enfourner, baissez la température à 180 °C (th. 6) et mettez le
kugelhopf à cuire 1 heure environ.
◆ Démoulez et laissez refroidir sur une grille,
puis saupoudrez le kugelhopf de sucre
glace et servez avec un confit d'abricots.

La Princesse Rosette

MADAME D'AULNOY

« Quand elle reçut cette lettre, elle fut tellement transportée qu'elle en pensa mourir.
Elle dit à tout le monde que le roi des paons était trouvé,
et qu'il voulait l'épouser.
On alluma des feux de joie,
on tira le canon, l'on mangea des dragées
et du sucre partout ;
l'on donna à tous ceux
qui vinrent voir la princesse pendant trois jours
une beurrée de confitures, du petit métier et de l'hypocras. »

LES PETITS MÉTIERS

POUR ENVIRON 20 PETITS GÂTEAUX (640 G DE PÂTE)
PRÉPARATION : 10 MINUTES ◆ CUISSON : 6 MINUTES

250 G DE FARINE DE BLÉ
250 G DE SUCRE SEMOULE
2 ŒUFS MOYENS (100 G)
30 G DE BEURRE
10 CL D'EAU (100 G)
20 CL D'HUILE (20 G)
POUR LA DÉCORATION :
20 G DE SUCRE GLACE

◆ Mélangez le sucre et l'eau froide dans un bol. Faites fondre 20 g de beurre dans une petite casserole.

◆ Tamisez la farine dans une terrine. Creusez un puits, versez les œufs, le beurre fondu et l'eau froide sucrée. À l'aide d'une spatule en bois, ramenez rapidement la farine vers le centre. Travaillez la pâte en veillant à ce qu'il n'y ait pas de grumeaux. Couvrez d'un linge et laissez reposer 15 minutes.

◆ Faites chauffer un moule à gaufres en forme de marguerite à feu vif, en le retournant de temps en temps sur la flamme. À l'aide d'un pinceau, badigeonnez-le légèrement d'huile avant de verser 1 petite louche de pâte. Veillez à bien fermer le gaufrier et faites cuire à feu vif 3 minutes environ sur chaque face. Huilez le gaufrier à chaque nouvelle cuisson.

◆ Saupoudrez les gaufres de sucre glace et servez-les tièdes, accompagnées d'une crème anglaise à la cannelle. Vous pouvez aussi les déguster avec une soupe de fruits frais.

LE VIN D'HYPOCRAS

POUR 8 PERSONNES
PRÉPARATION : 20 MINUTES

1 LITRE DE GEWURZTRAMINER
3 CLOUS DE GIROFLE
2 BÂTONS DE CANNELLE
5 G DE CORIANDRE PILÉE
3 GRAINS DE POIVRE BLANC
1/4 DE NOIX DE MUSCADE RÂPÉE
250 G DE SUCRE CRISTALLISÉ
LE JUS DE 1 CITRON
LE ZESTE DE 1 CITRON NON TRAITÉ,
FINEMENT RÂPÉ
LE ZESTE DE 1 ORANGE NON TRAITÉE,
PRÉLEVÉE AU COUTEAU ÉCONOME
1 PÊCHE BIEN MÛRE
1 POMME ACIDE
1 ORANGE NON TRAITÉE
1 CITRON NON TRAITÉ

◆ La veille, rincez les fruits à l'eau fraîche, versez le vin dans un bocal, ajoutez le sucre, les épices, les zestes d'agrumes, le jus du citron et les fruits coupés en quartiers. Remuez et laissez macérer 12 heures.

◆ Le jour même, filtrez la boisson. Réservez au frais et servez accompagné d'un peu de glace pilée.

La Princesse Coque d'Œuf et le Prince Bonbon

MADEMOISELLE DE LUBERT

« On ne peut mieux le dépeindre qu'en disant qu'après Coque d'Œuf, c'était la plus parfaite créature qui fût dans l'Univers.

Il montait un superbe animal sauvage plus blanc que la neige, dont la selle était de pain d'épice, les étriers d'écorce d'orange et la bride de sucre d'orge.

Cet aimable chevalier était couvert d'une cuirasse de sucre candi ; un manteau couleur de citron confit qui lui pendait sur les épaules était galamment retroussé par une agrafe de conserve de fleurs d'orange.

Soixante cavaliers le suivaient dans le même équipage et portaient tous de magnifiques corbeilles faites de zestes d'écorce de citron et pleines de dragées, de noix confites, de diablotins, de pastilles, de non-pareils, de tartes à la crème, de massepains, de darioles, de meringues, de gaufres, de pâtes sucrées, de gelées, de confitures sèches, de crème fouettée, d'anis de Verdun, de pain d'épice de Reims, de biscuits du Havre, de cervelas de la rue des Bars, de fromage de Hollande et de savonnettes de Boulogne. »

LES PETITS BOUTONS À L'ANIS

POUR ENVIRON 50 PETITS GÂTEAUX (265 G DE PÂTE)
PRÉPARATION : 25 MINUTES ◆ CUISSON : 10 MINUTES

100 G DE SUCRE SEMOULE
100 G DE FARINE DE BLÉ,
1 GROS ŒUF (60 G)
5 G D'ANIS VERT
POUR LA PLAQUE :
10 G DE BEURRE
10 G DE FARINE DE BLÉ

◆ La veille, mettez l'œuf et le sucre dans le bol d'un robot ménager et battez au fouet jusqu'à obtenir une crème onctueuse et jaune pâle.

◆ Tamisez la farine sur un papier sulfurisé, parsemez les grains d'anis, et versez ce mélange en pluie sur la crème en remuant délicatement à l'aide d'une spatule en bois.

◆ Dressez des petites boules de 2 cm de diamètre sur deux plaques légèrement beurrées et farinées, en les espaçant de 4 cm afin que leur cuisson soit régulière. Vous pouvez pour cela vous aider d'une poche et d'une douille lisse de 8 mm de diamètre.

◆ Laissez sécher ces petits gâteaux une nuit à température ambiante (22 °C).

◆ Le jour même, préchauffez le four à 170 °C (th. 5-6), puis mettez à cuire 10 minutes environ : les petits gâteaux se soulèveront un peu et leur socle prendra une couleur miel.

◆ Laissez-les refroidir sur la plaque du four. Puis décorez-les de glace royale en vous aidant d'un cornet de papier sulfurisé (voir *Le gâteau de mariage de Riquet à la Houppe* page 70) et transformez-les ainsi en de précieux présents gourmands !

LA TARTE À LA CRÈME

POUR 8 PERSONNES

PRÉPARATION : 1 HEURE 20 ◆ CUISSON : 15 MINUTES

POUR 400 G DE PÂTE SABLÉE :

170 G DE FARINE DE BLÉ, 60 G DE SUCRE GLACE

100 G DE BEURRE TEMPÉRÉ

LE BLANC DE 1 ŒUF MOYEN (30 G)

20 G DE NOISETTES MOULUES

20 G DE PÂTE PRALINÉE OU PRALIN

(CHEZ LE PÂTISSIER)

1 PINCÉE DE SEL

POUR 420 G DE CRÈME AUX AMANDES :

100 G DE BEURRE TEMPÉRÉ

80 G DE SUCRE GLACE

100 G D'AMANDES ÉMONDÉES,

FINEMENT RÂPÉES

40 G DE FARINE DE BLÉ

2 ŒUFS MOYENS (100 G)

3 POINTES DE COUTEAU DE ZESTE DE CITRON

NON TRAITÉ, FINEMENT RÂPÉ

POUR LA GARNITURE :

40 CL DE CRÈME FRAÎCHE ÉPAISSE (400 G)

40 G DE SUCRE GLACE

POUR LA DÉCORATION EN SUCRE CUIT

AU CARAMEL : 250 G DE SUCRE CRISTALLISÉ,

7 CL D'EAU (70 G),

3 GOUTTES DE JUS DE CITRON

- La veille, préparez la pâte sablée. Tamisez la farine sur un plan de travail et creusez un puits. Répartissez le sel et les noisettes moulues sur le rebord. Déposez le beurre, le sucre glace et le pralin dans le puits et travaillez-les du bout des doigts jusqu'à obtenir une crème onctueuse. Ramenez peu à peu la farine dessus et frottez délicatement ce mélange entre les mains jusqu'à obtenir une texture qui rappelle le sable.
- Ajoutez le blanc d'œuf et pétrissez doucement pour obtenir une pâte lisse, mais sans trop la travailler.
- Roulez-la en boule, emballez-la soigneusement dans un film alimentaire et laissez-la reposer au frais jusqu'au lendemain.
- Le jour même, préparez le fond de tarte : sur le plan de travail légèrement fariné, étalez la pâte en un disque de 34 cm de diamètre, épais de 3 mm. Beurrez un moule de 26 cm de diamètre et de 3 cm de hauteur, à fond amovible et à bords lisses, et déposez soigneusement la pâte. Pressez légèrement du bout des doigts sur le fond et sur les côtés. Passez le rouleau sur le bord pour couper l'excédent de pâte, puis piquez le fond de tarte à la fourchette et placez-le au frais 30 minutes, couvert d'un film alimentaire.

- Préchauffez le four à 180 °C (th. 6).
- Préparez la crème aux amandes. Dans une terrine, mélangez le beurre tempéré et le sucre glace. À l'aide du batteur, fouettez jusqu'à ce que le mélange devienne clair et onctueux. Ajoutez les œufs et fouettez encore quelques minutes.
- Du bout des doigts, mélangez la farine, la poudre d'amandes et le zeste de citron, et versez ce mélange en pluie dans la terrine en remuant délicatement à l'aide d'une spatule en bois. Garnissez le fond de tarte d'une couche régulière de crème aux amandes. Mettez à cuire 15 minutes environ : les bords de la tarte vont dorer et la crème aux amandes légèrement se bomber et se colorer.
- Démoulez la tarte sur une grille et laissez-la refroidir.
- Préparez le sucre cuit au caramel : dans une casserole à fond épais, portez à ébullition l'eau avec le sucre et le jus de citron. Nettoyez alors les parois intérieures de la casserole à l'aide d'un pinceau et d'un peu d'eau, et posez un thermomètre à sucre dans la casserole. Lorsqu'il atteint 155 °C,

le caramel est clair et il est dit au « gros cassé ». Froid, il sera croquant comme un bonbon.
- Ôtez la casserole du feu. À l'aide d'une fourchette, coulez des filets de caramel sur une plaque couverte de papier sulfurisé pour former une dentelle. Lorsque le caramel aura figé, celle-ci se décollera facilement.
- Garnissez la tarte aux amandes de crème fraîche épaisse. Saupoudrez généreusement de sucre glace et décorez de la dentelle de caramel.
- Cette tarte est délicieuse accompagnée d'une crème anglaise aux zestes d'agrumes et aux épices ou bien d'une soupe de fruits rouges aux agrumes.

LES NOIX CONFITES

POUR 25 NOIX ENVIRON
PRÉPARATION : 1 HEURE ◆ CUISSON : 3 HEURES

500 G DE NOIX VERTES

(CUEILLIES AVANT LA SAINT-JEAN)

LE JUS DE 2 CITRONS

2 PINCÉES DE SEL

POUR LE SIROP :

1 LITRE DE GEWURZTRAMINER

250 G DE SUCRE CRISTALLISÉ

5 CITRONS NON TRAITÉS

LE JUS DE 2 CITRONS

1 BÂTON DE CANNELLE

5 POINTES DE COUTEAU DE CARDAMOME MOULUE

- Les noix sont cueillies vertes, tendres et laiteuses à l'intérieur lorsque le bois de la coquille n'est pas encore formé.

- Deux jours à l'avance, pelez les noix, et incisez-les quatre fois dans la longueur. Trempez-les dans une casserole contenant de l'eau, le jus de 1 citron et 1 pincée de sel. Portez à ébullition et laissez frémir 1 heure à feu doux. Versez dans une terrine, couvrez d'une feuille de papier sulfurisé et laissez reposer une nuit.

- La veille, changez l'eau de cuisson, ajoutez le jus de 1 citron et 1 pincée de sel, portez à ébullition et laissez frémir 30 minutes. Renouvelez cette opération jusqu'à ce que les noix aient perdu leur amertume.

- Dans une bassine à confitures, mélangez 50 cl de vin avec le sucre, le jus des citrons et les épices. Portez à frémissement. Ajoutez les noix dans ce sirop et laissez frémir jusqu'à ce qu'elles soient tendres à cœur. Versez dans une terrine et laissez refroidir une nuit.

- Le lendemain, prélevez le zeste des citrons à l'aide d'un couteau économe. Retirez les noix du sirop, incisez-les jusqu'au cœur à la pointe du couteau et lardez-les d'une fine lamelle de zeste.

- Dans la bassine à confitures, portez les noix lardées et le sirop épicé à ébullition, ajoutez 50 cl de vin, et laissez frémir jusqu'à ce que les zestes soient confits.

- Ces noix constituent une délicieuse confiserie à savourer avec un vin d'hypocras.

LES ÉCORCES D'ORANGE CONFITES AU JUS DE COINGS

POUR 24 ÉCORCES D'ORANGE CONFITES
PRÉPARATION : 1 HEURE ◆ CUISSON : 2 HEURES

POUR LE JUS DE COINGS :
10 COINGS BIEN MÛRS
3 LITRES D'EAU (3 KG)
POUR LES ÉCORCES D'ORANGE CONFITES :
6 ORANGES DOUCES NON TRAITÉES
3 G DE SEL, 2 POINTES DE COUTEAU
DE CARDAMOME MOULUE
2 POINTES DE COUTEAU DE CANNELLE MOULUE
2 POINTES DE COUTEAU D'ANIS ÉTOILÉ MOULU
1,5 LITRE DE JUS DE COINGS (1500 G)
750 G DE SUCRE CRISTALLISÉ
LE JUS DE 1 CITRON

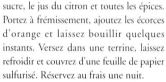

- Préparez le jus de coings : essuyez les fruits avec un linge pour ôter leur fin duvet, rincez-les à l'eau fraîche et ôtez la queue. Coupez-les en quatre. Mettez les morceaux de coing dans une casserole en acier inoxydable et couvrez d'eau. Portez à ébullition puis laissez frémir à feu doux 1 heure en remuant de temps en temps. Filtrez dans un chinois en pressant légèrement les fruits, puis passez le jus recueilli dans une étamine préalablement mouillée et essorée. Laissez reposer une nuit au frais.

- Préparez les oranges confites : rincez-les à l'eau fraîche et coupez-les en quatre, puis, à l'aide d'une cuillère, prélevez la pulpe sans abîmer les écorces.

- Mettez ces dernières dans une casserole avec le sel, couvrez d'eau fraîche et faites bouillir 5 minutes pour les blanchir. Retirez-les et laissez-les s'égoutter sur un linge.

- Dans une bassine à confitures, mélangez le jus de coings avec le sucre, le jus du citron et toutes les épices. Portez à frémissement, ajoutez les écorces d'orange et laissez bouillir quelques instants. Versez dans une terrine, laissez refroidir et couvrez d'une feuille de papier sulfurisé. Réservez au frais une nuit.

- Le lendemain, portez à nouveau cette préparation à ébullition quelques instants. Versez dans une terrine, laissez refroidir, couvrez d'une feuille de papier sulfurisé et réservez au frais une nuit. Recommencez cette opération jusqu'à ce que les écorces d'orange soient confites à cœur.

- Au fil des cuissons, le sirop de coings va se concentrer lentement. Utilisez-le pour confectionner une gelée aux saveurs d'agrumes et d'épices : versez-le dans une bassine à confitures, portez à ébullition en écumant soigneusement. Vérifiez la nappe en déposant une goutte de gelée sur une assiette froide : la gelée doit se figer. Donnez alors un dernier bouillon, mettez en pots et couvrez.

La collation de Cendrillon

CHARLES PERRAULT

« Le fils du roi la mit à la place la plus honorable, et ensuite la prit pour la mener danser : elle dansa avec tant de grâce, qu'on l'admira encore davantage. On apporta une fort belle collation, dont le jeune Prince ne mangea point, tant il était occupé à la considérer. Elle alla s'asseoir auprès de ses sœurs, et leur fit mille honnêtetés : elle leur fit part des oranges et des citrons que le Prince lui avait données, ce qui les étonna fort, car il ne la connaissait point. »

LES POIRES AU VIN ET AUX ÉPICES

POUR 8 PERSONNES
PRÉPARATION : 15 MINUTES ◆ CUISSON : 30 MINUTES

8 PETITES POIRES WILLIAMS,
MÛRES MAIS FERMES
POUR LE SIROP :
1,5 LITRE DE GEWURZTRAMINER
500 G DE SUCRE CRISTALLISÉ
LE JUS DE 1 CITRON
LE JUS DE 1 ORANGE
LE ZESTE DE 1 ORANGE NON TRAITÉE,
FINEMENT RÂPÉ
2 GOUSSES DE VANILLE
2 POINTES DE COUTEAU
DE CARDAMOME MOULUE
2 BÂTONS DE CANNELLE
2 ÉTOILES DE BADIANE (ANIS ÉTOILÉ)

- La veille, dans une casserole à fond épais, mélangez le vin avec le sucre, le jus du citron et de l'orange, le zeste d'orange, la vanille et les épices. Portez à frémissement.
- Pelez les poires et posez-les délicatement dans ce sirop épicé. Portez à nouveau à frémissement et laissez cuire 5 minutes. Ôtez du feu et laissez refroidir les poires au vin dans un endroit frais.
- Le jour même, retirez les poires du sirop, portez le vin épicé à ébullition. Posez les poires dans ce vin et faites à nouveau frémir 5 minutes. Ôtez du feu et laissez refroidir.
- Savourez ces poires au vin accompagnées d'une crème glacée à la vanille.

LES FIGUES RÔTIES À LA VANILLE ET AU CARAMEL

POUR 8 PERSONNES
PRÉPARATION : 10 MINUTES ◆ CUISSON : 20 MINUTES

20 PETITES FIGUES FRAÎCHES
POUR LE CARAMEL :
250 G DE SUCRE SEMOULE
50 G DE BEURRE, 5 CL D'EAU (50 G)
35 CL DE CRÈME FRAÎCHE LIQUIDE (350 G)
3 GOUSSES DE VANILLE

- Rincez les figues à l'eau fraîche et séchez-les délicatement dans un linge. Portez une casserole d'eau à frémissement et faites pocher les figues 3 minutes. Retirez-les à l'aide d'une écumoire.
- Dans une poêle antiadhésive, portez à ébullition le sucre, le beurre et l'eau : au début le caramel aura une consistance mousseuse et une couleur crème. Laissez cuire en tournant délicatement à l'aide d'une spatule en bois jusqu'à ce qu'il devienne brun.
- Ajoutez alors la crème fraîche et les gousses de vanille fendues en deux dans la longueur. Portez à ébullition et posez les figues l'une à côté de l'autre dans le caramel. Portez à nouveau à ébullition et laissez frémir 10 minutes à feu moyen, tout en nappant régulièrement les figues de caramel.
- Posez-les dans un moule à clafoutis en faïence et couvrez du caramel. Vous pouvez déguster ces figues accompagnées d'un granité à la poire.

LES BEIGNETS DE FLEURS DE SUREAU

POUR 8 PERSONNES
PRÉPARATION : 10 MINUTES ◆ CUISSON : 4 MINUTES

250 G DE FARINE DE BLÉ
20 CL DE LAIT ENTIER (200 G)
12,5 CL DE CRÈME FRAÎCHE (125 G)
5 CL DE BIÈRE (50 G)
LES JAUNES DE 2 ŒUFS MOYENS (40 G)
LES BLANCS DE 2 ŒUFS MOYENS (60 G)
50 G DE SUCRE SEMOULE
50 G DE MIEL DE FLEURS, 1 PINCÉE DE SEL
16 GRAPPES DE FLEURS DE SUREAU
(CUEILLIES À LA LISIÈRE DES BOIS
OU DANS LES JARDINS)
POUR LA CUISSON : HUILE D'ARACHIDE
POUR LA DÉCORATION : 50 G DE SUCRE GLACE

- Rincez les grappes de fleurs de sureau et séchez-les dans un linge.
- Tamisez la farine dans une terrine et formez un puits. Ajoutez le lait, la crème, les jaunes d'œufs, le sucre, le sel, le miel et la bière et mélangez à l'aide d'un fouet en veillant à ne pas former de grumeaux. Laissez reposer au frais 30 minutes.
- Fouettez les blancs d'œufs en neige ferme à l'aide d'un batteur, puis incorporez-les dans la pâte à beignets en tournant délicatement avec une cuillère en bois.
- Faites chauffer l'huile dans une casserole jusqu'à 180 °C. Tenez la grappe de fleurs de sureau par la tige et enrobez les petites fleurs de pâte à beignets, puis immergez-les aussitôt dans le bain d'huile. Quand les beignets sont parfaitement dorés, retirez-les à l'aide d'une écumoire et posez-les sur un papier absorbant.
- Saupoudrez généreusement de sucre glace et dégustez tiède.
- Vous pouvez aussi préparer cette recette avec des fleurs d'acacia.

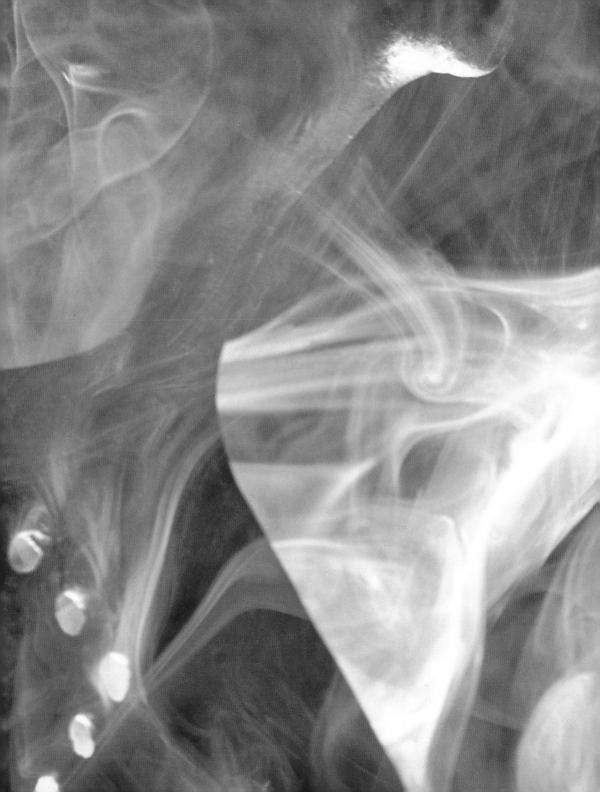

LE PAYS MERVEILLEUX

« La montagne des fées n'est pas si loin qu'on le dit.
Mais où est l'Oiseau bleu qui m'y emportera ? »
(LI CHANG YIN, *L'Oiseau bleu*.)

UNE FOIS LEURS ÉPREUVES SURMONTÉES, NOS HÉROS ATTEIGNENT ENFIN LE PAYS MERVEILLEUX.

Comme elle paraît loin la maison familiale, la petite maison de l'enfance. Comme elle est loin cette époque où ils ignoraient encore tout du monde. Ils ont grandi. Ils sont maintenant cousus d'or et *devenus* des personnages importants. Leur retour est triomphal. Ils peuvent nourrir leurs parents et les combler de présents. Jack offre à sa mère le trésor qu'il a dérobé à l'ogre. Grâce à ses bottes de sept lieues, le Petit Poucet est *nommé* messager du roi. Il file plus vite que le vent et porte ses lettres aux quatre coins du royaume. Ses parents l'avaient abandonné parce qu'il n'y avait plus rien à manger. Et voilà qu'il leur offre en abondance les mets les plus raffinées. Le Chat botté accueille le roi et sa fille dans le château qu'il a conquis en dévorant l'Ogre. Qui se souvient encore du chat du meunier ?

Le pays merveilleux, c'est celui où les frontières entre le vraisemblable et l'invraisemblable n'existent plus. Un simple coup de baguette permet de suspendre le temps et de transformer les êtres disgraciés en princes charmants.

C'est un pays où les objets sont magiques : les bottes de sept lieues ont le don de s'agrandir et de rapetisser à volonté, les pantoufles de verre – et non de vair comme on l'a cru au XIXᵉ siècle – s'adaptent aux pieds les plus fins. Les animaux y parlent et sont doués de talents exceptionnels. Les poules pondent des œufs en or et les ânes fabriquent chaque matin de beaux écus d'or comme dans Peau d'Âne.

C'est un pays où les loirs dorment dans les théières, où les puddings sautent de leur assiette et se mettent à parler. Un pays où le roi des Tartelettes déclare la guerre à son voisin parce qu'il refuse de parfumer ses gâteaux à l'eau de rose !

Le pays merveilleux, c'est celui où vivent des fées à la beauté

incomparable : «Au même instant apparut la fée Drôlette dans toute sa gloire, sur un char d'or massif, traîné par cent cinquante alouettes. Elle était vêtue d'une robe en ailes de papillon des couleurs les plus brillantes; sur ses épaules tombait un manteau en réseau de diamants, qui traînait à dix pas derrière elle, et d'un travail si fin qu'il était léger comme de la gaze. Ses cheveux, luisants comme des soies d'or, étaient surmontés d'une couronne en escarboucles brillantes comme des soleils. Chacune de ses pantoufles était taillée dans un seul rubis.» (Comtesse de Ségur, *Nouveaux contes de fées*.)

Un pays où les livres sont magiques comme s'ils étaient écrits en lettres lunaires «invisibles lorsqu'on les regarde de face. On ne peut les voir que quand la lune brille par-derrière, et avec ceci d'ingénieux que ce doit être une lune de la même forme et de la même saison que le jour où les lettres furent tracées. Elles ont été inventées par les nains qui les écrivaient avec des pointes d'argent». (J. R. R. Tolkien, *Bilbo le Hobbit*.)

Un pays où les mots, comme les fées, ont des ailes de dentelle fine, et permettent de voler d'un conte à un autre.

Vous l'avez deviné, ce pays merveilleux n'est autre que celui de la littérature. C'est le conte lui-même.

La princesse merveilleuse in *Le Mouton*

MADAME D'AULNOY

« Enfin elle découvrit tout d'un coup une vaste plaine émaillée de mille fleurs différentes, dont la bonne odeur surpassait toutes celles qu'elle avait jamais senties ; une grosse rivière d'eau de fleurs d'orange coulait autour, des fontaines de vin d'Espagne, de rossolis, d'hypocras et de mille autres sortes de liqueurs formaient des cascades et de petits ruisseaux charmants. Cette plaine était couverte d'arbres singuliers ; il y avait des avenues tout entières de perdreaux, mieux piqués et mieux cuits que chez la Guerbois et qui pendaient aux branches ; il y avait d'autres allées de cailles et de lapereaux, de dindons, de poulets, de faisans et d'ortolans ; en certains endroits où l'air paraissait plus obscur, il y pleuvait des bisques d'écrevisses, des soupes de santé, des foies gras, des ris de veau mis en ragoût, des boudins blancs, des saucissons, des tourtes, des pâtés, des confitures sèches et liquides, des louis d'or, des écus, des perles et des diamants. »

LE FOIE GRAS

POUR 8 PERSONNES
PRÉPARATION : 25 MINUTES ◆ CUISSON : 50 MINUTES

1 FOIE GRAS D'OIE, DE 500 G ENVIRON
1 FOIE GRAS DE CANARD, DE 500 G ENVIRON
12 G DE FLEUR DE SEL
3 G DE SUCRE ROUX DE CANNE
2 G DE POIVRE DU MOULIN
8 CL DE LIQUEUR DE NOIX (80 G)

- La veille, posez les foies dans une terrine, couvrez-les d'eau froide et de glaçons et laissez-les ainsi dégorger 3 heures. Posez-les sur un linge et réservez à température ambiante 1 heure.
- Dénervez les foies. À l'aide d'un petit couteau, retirez soigneusement les vaisseaux sanguins en écartant délicatement les lobes. Reconstituez les foies et placez-les dans une terrine. Parsemez du sel, du poivre et du sucre, et arrosez de liqueur de noix. Pressez les foies et couvrez d'un film alimentaire. Laissez macérer au frais 24 heures.
- Le jour même, tapissez le fond et les parois d'une terrine d'un film de cuisson en le laissant largement déborder. Préchauffez le four à 60 °C (th. 2).
- Posez les foies sur un linge, puis pressez-les dans la terrine et rabattez le film par-dessus. Appliquez une planchette en bois alourdie d'un poids sur la terrine et posez celle-ci dans un bain-marie à 60 °C. Puis mettez à cuire 50 minutes.
- Laissez refroidir le foie gras à température ambiante, puis posez-le au frais, toujours surmonté de la planchette et du poids.
- Savourez ce foie gras avec un confit de muscat et des tranches de pain de campagne grillées.

LE BOUDIN BLANC

POUR 8 PERSONNES
PRÉPARATION : 45 MINUTES ◆ CUISSON : 20 MINUTES

500 G DE NOIX DE VEAU

500 G DE POITRINE DE PORC

200 G DE RIS DE VEAU, COUPÉS EN PETITS DÉS

50 + 50 G DE BEURRE TEMPÉRÉ

4 ŒUFS MOYENS (200 G)

100 G D'OIGNONS FINEMENT COUPÉS

3 CL DE CRÈME FRAÎCHE (30 G)

12 G DE SEL, POIVRE BLANC DU MOULIN

1 POINTE DE COUTEAU DE
QUATRE-ÉPICES MOULU

DES BOYAUX FINS DE COCHON (CHEZ LE BOUCHER)

20 G DE BEURRE

2 CL D'HUILE D'ARACHIDE (20 G)

8 CL DE JUS DE TRUFFES (80 G)

1 PETITE TRUFFE

◆ Dans un bol, fouettez 50 g de beurre tempéré jusqu'à ce qu'il prenne la consistance d'une pommade et réservez.

◆ Dans une poêle antiadhésive, faites dorer doucement les oignons finement coupés dans 50 g de beurre et réservez.

◆ Préparez la farce : coupez le veau et la poitrine de porc en dés, puis hachez-les finement au hachoir grille fine. Ajoutez le beurre en pommade, puis les œufs un à un, en mélangeant bien. Ajoutez ensuite la crème fraîche, les oignons, le quatre-épices, le sel et du poivre, vérifiez l'assaisonnement, puis ajoutez les ris de veau et mélangez délicatement.

◆ Garnissez les boyaux à l'aide d'une poche et d'une douille lisse de 12 mm de diamètre. Formez des petits boudins longs de 5 cm, en faisant tourner

le boyau de 2 petits tours tous les 5 cm, au fur et à mesure qu'il se remplit.

◆ Portez une grande casserole d'eau salée à frémissement, plongez les boudins et faites-les pocher 20 minutes à petit feu. Piquez-les délicatement en cours de cuisson à l'aide d'une aiguille.

◆ Lorsque les boudins sont cuits, faites fondre le beurre et l'huile d'arachide dans une poêle antiadhésive et mettez les boudins à dorer. Déglacez avec le jus et ajoutez la truffe coupée en lamelles. Servez aussitôt.

LA TOURTE DE FÊTE

POUR 8 PERSONNES
PRÉPARATION : 1 HEURE 15 ◆ CUISSON : 50 MINUTES

1 KG DE PÂTE SEMI-FEUILLETÉE
(VOIR LES ALLUMETTE AU SUCRE PAGE 32)

500 G DE FILETS DE CANARD COUPÉS
EN AIGUILLETTES

500 G DE FILETS DE DINDE COUPÉS
EN AIGUILLETTES

10 CL DE RIESLING (100 G)

100 G DE FARCE FINE (CHEZ LE BOUCHER)

1 OIGNON, 1 PETIT BOUQUET DE PERSIL PLAT

10 G DE SEL

3 G DE POIVRE DU MOULIN

5 G DE QUATRE-ÉPICES MOULU

20 G DE BEURRE

2 CL D'HUILE D'ARACHIDE (20 G)

POUR LA DORURE :

1 PETIT ŒUF

POUR LE MOULE :

30 G DE BEURRE

◆ La veille, préparez la pâte. Mettez la viande dans une terrine avec le vin, le quatre-épices, le sel et le

poivre, couvrez d'une feuille de papier sulfurisé et laissez mariner une nuit au frais.

- Le jour même, sur un plan de travail légèrement fariné, étalez 600 g de pâte en un disque de 38 cm de diamètre, épais de 3 mm. Beurrez un moule à bords lisses de 26 cm de diamètre et déposez la pâte. Pressez-la du bout des doigts sur le fond et les côtés : elle doit former un petit rebord de 2 cm.
- Piquez le fond de tarte à la fourchette et placez-le 30 minutes au frais, couvert d'un film alimentaire.
- Étalez 400 g de pâte en un disque de 26 cm de diamètre, épais de 3 mm. Enroulez-le sur un rouleau et posez-le sur une plaque couverte de papier sulfurisé. Protégez d'un film alimentaire et réservez au frais. Étalez ce qui reste de pâte sur une épaisseur de 2 mm, posez sur une plaque couverte de papier sulfurisé, couvrez d'un film alimentaire et réservez également au frais.

- Épluchez et coupez finement l'oignon. Rincez les feuilles de persil et hachez-les. Faites fondre à couvert l'oignon et le persil dans l'huile et le beurre. Versez dans une terrine, laissez refroidir, puis ajoutez la farce fine, les aiguillettes de dinde et de canard marinées et mélangez soigneusement.
- Préchauffez le four à 210 °C (th. 7).
- Disposez cette farce sur le fond de tarte. Rabattez les bords de la pâte vers l'intérieur en recouvrant en partie la garniture et mouillez-les au pinceau.
- Enroulez sur le rouleau le disque de pâte réservé au frais. Portez-le au-dessus de la tourte et déroulez-le doucement. À l'aide d'un pinceau, badigeonnez ce couvercle d'œuf battu. Découpez dans le reste de la pâte des feuilles de chêne à l'aide d'un emporte-pièce et disposez-les sur la tourte. Faites ensuite quelques dessins à la pointe du couteau. Badigeonnez d'œuf battu, incisez le centre de la tourte pour créer une petite cheminée.
- Au moment d'enfourner, baissez la température à 180 °C (th. 6) et mettez à cuire 50 minutes : la tourte va gonfler et joliment dorer.
- Quand le jus de viande est clair, la tourte est prête. Démoulez-la et servez-la sans attendre accompagnée d'une salade fraîche aux herbes.

Alice au pays des merveilles

LEWIS CAROLL

« — Tiens, le loir s'est rendormi, fit observer le Chapelier.
Et il lui versa un peu de thé chaud sur le museau.
Le Loir secoua la tête avec impatience, puis marmotta sans ouvrir les yeux :
— Bien sûr, bien sûr, c'est exactement ce que j'allais dire.
[…] Bientôt son regard tomba sur une petite boîte de verre placée sous la table ; elle l'ouvrit et y trouva un tout petit gâteau sur lequel les mots " Mange-moi " étaient très joliment tracés avec des raisins de Corinthe. " Ma foi, je vais le manger, dit Alice ; s'il me fait grandir, je pourrai atteindre la clé ; s'il me fait rapetisser, je pourrai me glisser sous la porte ; d'une façon comme de l'autre j'irai dans le jardin, et je me moque pas mal que ce soit l'une ou l'autre. "

Elle mangea un petit bout de gâteau, et se dit avec anxiété : " Vers le haut ou vers le bas ? " en tenant sa main sur sa tête pour sentir si elle allait monter ou descendre. Or, elle fut toute surprise de constater qu'elle gardait toujours la même taille : bien sûr, c'est généralement ce qui arrive quand on mange des gâteaux, mais Alice avait tellement pris l'habitude de s'attendre à des choses extravagantes qu'il lui paraissait ennuyeux et stupide de voir continuer la vie de façon normale.

C'est pourquoi elle se mit pour de bon à la besogne et eut bientôt fini le gâteau jusqu'à la dernière miette. »

LES LANGUES-DE-CHAT

POUR ENVIRON 50 LANGUES-DE-CHAT (200 G DE PÂTE)
PRÉPARATION : 25 MINUTES ◆ CUISSON : 6 MINUTES

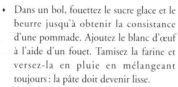

50 G DE BEURRE TEMPÉRÉ
50 G DE SUCRE GLACE
60 G DE FARINE DE BLÉ
LE BLANC DE 1 GROS ŒUF (40 G)
POUR LA DÉCORATION :
100 G DE CHOCOLAT NOIR À 57 % DE CACAO
POUR LA CUISSON :
10 G DE BEURRE

- Dans un bol, fouettez le sucre glace et le beurre jusqu'à obtenir la consistance d'une pommade. Ajoutez le blanc d'œuf à l'aide d'un fouet. Tamisez la farine et versez-la en pluie en mélangeant toujours : la pâte doit devenir lisse.
- Préchauffez le four à 200 °C (th. 6-7).
- Dans une petite casserole, faites fondre le beurre, puis à l'aide d'un pinceau badigeonnez régulièrement la plaque du four. Cette couche doit être très fine : s'il y a trop de beurre, les petits-fours deviendront plus fins et plus fragiles. À l'aide d'une poche et d'une douille lisse de 6 mm de diamètre, dressez des bâtonnets de 5 cm de longueur sur la plaque, mettez à cuire 6 minutes environ. Les biscuits vont s'étaler un peu et brunir légèrement sur les contours. Laissez refroidir sur la plaque.
- Tempérez le chocolat (voir *Les joyaux de la reine* page 48). À l'aide d'une petite spatule en métal, couvrez le fond de chaque langue-de-chat d'une fine couche de chocolat. Laissez figer sur une grille.
- Vous pourrez conserver les langues-de-chat dans une boîte métallique.

LE GÂTEAU « EAT ME »

POUR 8 PERSONNES (1100 G DE PÂTE À BISCUIT)
PRÉPARATION : 45 MINUTES ◆ CUISSON : 40 MINUTES

250 G DE BEURRE TEMPÉRÉ
200 G DE SUCRE SEMOULE
250 G DE FARINE DE BLÉ
80 G DE CAROTTE COUPÉE EN TRÈS PETITS DÉS
50 G D'AMANDES ÉMONDÉES MOULUES
4 ŒUFS MOYENS (200 G)
LES JAUNES DE 2 ŒUFS MOYENS (40 G)
3 POINTES DE COUTEAU DE CARDAMOME MOULUE
10 G DE LEVURE CHIMIQUE
POUR LA GLACE ROYALE : 200 G DE SUCRE GLACE
LE BLANC DE 1 GROS ŒUF (40 G)
LE JUS DE 1/2 CITRON
POUR LE MOULE : 10 G DE BEURRE,
10 G DE FARINE DE BLÉ

- Mélangez le beurre et le sucre dans le bol d'un robot ménager. Fouettez jusqu'à ce que ce mélange prenne la consistance d'une pommade. Ajoutez les œufs entiers et les jaunes un à un, et fouettez pour obtenir une crème onctueuse et mousseuse.
- Tamisez la farine et la levure chimique. Ajoutez avec une cuillère en bois la farine, la levure, les amandes moulues, les dés de carotte et la cardamome en les versant en pluie.
- Préchauffez le four à 180 °C (th. 6).
- Beurrez et farinez un moule de 22 cm de diamètre. Laissez figer quelques instants au frais. Versez la pâte et mettez à cuire 40 minutes environ. Le gâteau va joliment dorer. Pour vérifier la cuisson, piquez une lame de couteau : elle doit ressortir sèche.
- Démoulez sur une grille et laissez refroidir.
- Préparez la glace royale : mettez le sucre glace et le blanc d'œuf dans le bol du robot ménager et montez-les en meringue avec le fouet (4 minutes à vitesse rapide) en versant le jus du citron.
- Décorez le gâteau à l'aide d'une poche et d'une douille cannelée en traçant « Eat me » sur le dessus et en ajoutant un feston de glace royale à la base.

Le livre magique
du prince Torticolis *in Le Rameau d'or*

MADAME D'AULNOY

« Quand il fut retourné dans sa chambre, il prit un vieux manuscrit qui lui tomba le premier sous la main ; les feuilles en étaient de vélin, peintes toutes autour, et la couverture d'or émaillée de bleu qui formait des chiffres. Il demeura bien surpris d'y voir les mêmes choses qui étaient sur les vitres de la galerie ; il tâchait de lire ce qui était écrit : il n'en put venir à bout. Mais tout d'un coup, il vit que, dans un des feuillets où l'on représentait des musiciens, ils se mirent à chanter ; et dans un autre feuillet où il y avait des joueurs de bassette et de trictrac, les cartes et les dés allaient et venaient. Il tourna le vélin : c'était un bal où l'on dansait ; toutes les dames étaient parées, et d'une beauté merveilleuse. Il tourna encore le feuillet : il sentit l'odeur d'un excellent repas ; c'étaient les petites figures qui mangeaient. La plus grande n'avait pas un quartier de haut. Il y en eut une qui se tourna vers le prince : "À ta santé, Torticolis, lui dit-elle, songe à nous rendre notre reine, si tu le fais, tu t'en trouveras bien ; si tu y manques, tu t'en trouveras mal." »

LA GOURMANDISE
DU PRINCE TORTICOLIS

POUR 10 PERSONNES
PRÉPARATION : 2 HEURES 30 ◆ CUISSON : 30 MINUTES

POUR LA PÂTE À CHOUX (55 CHOUX) :
10 CL DE LAIT (100 G)
3 G DE SUCRE SEMOULE, 1 PINCÉE DE SEL
50 G DE BEURRE, 70 G DE FARINE DE BLÉ
2 ŒUFS MOYENS (100 G)
POUR LA DORURE : 1 PETIT ŒUF
POUR 425 G DE CRÈME PÂTISSIÈRE :
20 CL DE LAIT ENTIER (200 G)
5 CL DE CRÈME FRAÎCHE LIQUIDE (50 G)
LES JAUNES DE 3 ŒUFS MOYENS (60 G)
65 G DE SUCRE SEMOULE
20 G DE FÉCULE DE POMME DE TERRE OU DE MAÏS
1 GOUSSE DE VANILLE
3 CL DE GRAND MARNIER (30 G)
POUR LE SUCRE CUIT AU CARAMEL :
500 G DE SUCRE CRISTALLISÉ,
12,5 CL D'EAU (125 G)
5 GOUTTES DE JUS DE CITRON
POUR LA DÉCORATION : DES AIGUILLETTES
D'ÉCORCE D'ORANGE ET DE CITRON CONFITS
DES MORCEAUX D'ANGÉLIQUE CONFITE

◆ La veille, préparez la pâte à choux. Tamisez la farine. Dans une casserole à fond épais, faites frémir le lait avec le beurre, le sucre et le sel. Hors du feu, versez la farine en pluie et mélangez vivement à l'aide d'une spatule en bois. Puis posez à nouveau la casserole sur le feu et faites cuire 3 minutes en remuant toujours vivement pour sécher la pâte à choux. Versez-la dans une terrine et incorporez les œufs un à un en remuant toujours : la pâte à choux doit être lisse.
◆ Préchauffez le four à 200 °C (th. 6-7).
◆ À l'aide d'une poche et d'une douille simple de 8 mm de diamètre, dressez des choux de 2 cm de diamètre sur une plaque légèrement beurrée, en les espaçant de 4 cm afin que leur cuisson soit régulière et qu'ils ne collent pas entre eux. Il est important de dresser des choux de taille très régulière.

- Badigeonnez-les d'œuf battu, décorez d'un trait de fourchette, mettez à cuire 12 à 15 minutes : les choux vont gonfler et dorer joliment. Laissez refroidir sur une plaque jusqu'au lendemain.

- Préparez la crème pâtissière : dans une casserole à fond épais, faites frémir le lait avec le sucre et la gousse de vanille fendue en deux dans la longueur. Couvrez et laissez infuser hors du feu.

- Dans un bol, mélangez à l'aide d'un fouet les jaunes d'œufs, la crème et la fécule en veillant à ce qu'il n'y ait pas de grumeaux.

- Retirez la gousse de vanille et versez la préparation précédente dans le lait parfumé. Portez à ébullition sur feu moyen en fouettant continuellement. Laissez encore frémir quelques instants sans cesser de fouetter : la crème doit être bien épaisse. Versez-la dans une terrine.

- Laissez refroidir, couvrez d'un film alimentaire et réservez au frais jusqu'au lendemain.

- Le jour même, lissez la crème à l'aide d'un fouet. Ajoutez le Grand Marnier et mélangez délicatement. Percez le fond des choux avec une douille cannelée, puis remplissez-les de crème pâtissière à l'aide d'une poche et d'une douille lisse de 8 mm de diamètre.

- Préparez le caramel : dans une casserole à fond épais, faites bouillir l'eau avec le sucre et le jus de citron. Nettoyez les parois intérieures de la casserole à l'aide d'un pinceau et d'un peu d'eau, posez un thermomètre à sucre dans la casserole. Lorsqu'il atteint 155 °C, le caramel est clair et dit au « gros cassé ». Froid, il sera croquant comme un bonbon.

- Ôtez la casserole du feu. Enrobez les choux de caramel. Pour cela, piquez la pointe d'un couteau dans chaque chou et trempez le dessus de chaque

chou dans le sucre cuit. Tapotez doucement le couteau sur le bord de la casserole, ainsi la couche de sucre ne sera pas trop épaisse. Puis posez les choux sur une plaque couverte de papier sulfurisé. Laissez durcir.

- Réchauffez le reste du caramel, en remuant à l'aide d'une spatule en bois, pour le liquéfier. Trempez chaque chou sur un côté pour les coller entre eux en formant une pyramide : commencez par former une couronne de 10 choux, puis collez sur celle-ci une couronne de 9 choux, continuez par une couronne de 8 choux, puis une autre de 7 choux, et ainsi de suite pour terminer par un seul chou. Collez alors sur cette pyramide des bâtonnets d'écorce d'orange, de citron et d'angélique confits.

- Réchauffez le reste du caramel pour le liquéfier, ôtez-le du feu et prenez deux fourchettes entre le pouce et l'index. Trempez-les rapidement dans le caramel et secouez-les au-dessus d'une feuille de papier sulfurisé. Le sucre va tomber en filets dorés. Recommencez plusieurs fois, puis posez délicatement les fils dorés autour de la pyramide de choux.

LES PETITES MERINGUES À LA ROSE

POUR ENVIRON 60 MERINGUES
PRÉPARATION : 20 MINUTES ◆ CUISSON : 1 HEURE 30

- Pour réaliser ces meringues, suivez la recette des *Délices de babiole* page 112 ; il vous faut uniquement remplacer les gouttes d'eau de fleur d'oranger par 20 gouttes d'eau de rose.

LES ORANGETTES
EN ROBE D'AMANDE

POUR ENVIRON 80 ORANGETTES
PRÉPARATION : 1 HEURE

250 G DE CHOCOLAT NOIR À 57 % DE CACAO
15 QUARTIERS D'ÉCORCE D'ORANGE
NON TRAITÉE CONFITE
120 G D'AMANDES ÉMONDÉES HACHÉES

- Préchauffez le four à 180 °C (th. 6). Parsemez les amandes hachées sur la plaque du four couverte de papier sulfurisé et faites-les griller quelques minutes. Laissez refroidir sur la plaque. Coupez les quartiers d'orange dans le sens de la longueur en aiguillettes de 5 mm d'épaisseur.
- Tempérez le chocolat (voir *Les joyaux de la reine* page 48). Puis trempez les aiguillettes d'orange dans le chocolat. Retirez-les à l'aide d'une fourchette et tapotez celle-ci doucement sur le bord du bol pour faire tomber l'excédent de chocolat.
- Déposez les orangettes sur une plaque couverte de papier sulfurisé et parsemez-les d'amandes grillées. Laissez figer au frais (18 °C) avant de déguster.

LES POMMES AU FOUR
À LA GELÉE DE COINGS

POUR 10 PERSONNES
PRÉPARATION : 30 MINUTES ♦ CUISSON : 50 MINUTES

10 PETITES POMMES IDARED
250 G DE GELÉE DE COINGS CONTENANT
DES MORCEAUX DE COING
2 POINTES DE COUTEAU DE ZESTE D'ORANGE
NON TRAITÉE, FINEMENT RÂPÉ
2 POINTES DE COUTEAU DE ZESTE DE CITRON
NON TRAITÉ, FINEMENT RÂPÉ
1 POINTE DE COUTEAU DE CARDAMOME MOULUE
1 POINTE DE COUTEAU D'ANIS ÉTOILÉ MOULU
50 G D'ÉCORCE DE CITRON CONFIT
50 G D'ÉCORCE D'ORANGE CONFITE
50 G D'AMANDES ÉMONDÉES
50 G DE FIGUES SÈCHES
50 G DE PRUNEAUX, 20 G DE BEURRE
50 G DE SUCRE CRISTALLISÉ
20 CL DE GEWURZTRAMINER (200 G)
POUR LA PRÉSENTATION :
6 ORANGES PELÉES À VIF
10 QUENELLES DE CRÈME GLACÉE À LA VANILLE

- Préchauffez le four à 180 °C (th. 6).
- Rincez les pommes à l'eau fraîche et séchez-les dans un linge. À l'aide d'un petit couteau, découpez un chapeau dans chaque pomme, ôtez le trognon et les pépins, et creusez un peu les pommes à l'aide d'une cuillère à café. Coupez cette chair en petits dés.
- Dans une terrine, mélangez la gelée de coings, les dés de pomme, les fruits confits et les fruits secs découpés en bâtonnets, les zestes, les épices et les amandes.
- Posez les pommes dans un plat à gratin et remplissez-les de ce mélange. Couvrez avec les chapeaux, parsemez de noisettes de beurre et de sucre cristallisé. Mettez à cuire 50 minutes environ. À mi-cuisson, arrosez délicatement chaque pomme d'un filet de gewurztraminer.
- Présentez les pommes tièdes, sur un lit de quartiers d'orange pelées à vif et accompagnez-les de crème glacée à la vanille.

Le roi des Tartelettes

in *L'Oiseau de vérité*

E. LE NOBLE

« Le roi des Tartelettes avait fait publier par tous ses États qu'il défendait de mettre de l'eau de rose sur les tartelettes et les darioles. Cet édit mettant le roi de l'Eau de rose à la besace, ce prince avait levé des troupes et était entré dans le royaume des Tartelettes où il vivait à discrétion : c'est pourquoi le roi des Tartelettes, pour chasser ce prince de dessus ses terres, leva des troupes et se mit en campagne pour joindre son ennemi.

[…] Le roi des Tartelettes, cependant, était toujours en guerre avec le roi de l'Eau de rose ; un jour, l'un avait l'avantage, le lendemain, c'était l'autre ; cela ne finissait point. Le roi Friand se voulut rendre médiateur de leur accommodement. Il avait intérêt que ces deux princes vécussent en bonne intelligence, parce qu'il ne pouvait manger de darioles sans eau de rose. Cependant, avec tout son esprit, il ne put parvenir dans l'espace de huit ans à arrêter le cours de cette guerre. Il s'avisa d'un autre expédient qui lui réussit : il fit consentir les deux rois à prendre pour arbitre de leurs différents le pâtissier Le Coq. On le fit venir de Paris, et il n'eut pas plus tôt dit qu'une personne de bon goût ne doit pas manger de tartelettes sans eau de rose que la paix fut signée entre ces deux rois qui, cessant, dès ce moment, tout acte d'hostilité, vécurent toujours, depuis ce temps-là, comme deux véritables amis. »

TARTELETTES
À L'EAU DE ROSE
ET AUX FRAMBOISES

POUR 12 TARTELETTES
PRÉPARATION : 1 HEURE 10 ◆ CUISSON : 12 MINUTES

550 G DE PÂTE SABLÉE AU PRALIN
ET AUX NOISETTES
(VOIR LA TARTE À LA CRÈME PAGE 122)
400 G DE CRÈME PÂTISSIÈRE
(VOIR LA GOURMANDISE
DU PRINCE TORTICOLIS PAGE 149)
20 CL DE CRÈME FRAÎCHE LIQUIDE (200 G)
800 G DE FRAMBOISES FRAÎCHES
10 GOUTTES D'EAU DE ROSE
20 G DE BEURRE
POUR LA DORURE :
1 PETIT ŒUF
POUR LA DÉCORATION :
3 ROSES

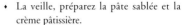

- La veille, préparez la pâte sablée et la crème pâtissière.
- Le jour même, sortez la pâte sablée du réfrigérateur 30 minutes avant de la travailler. Sur un plan de travail légèrement fariné, étalez-la sur 2 mm d'épaisseur. À l'aide d'un emporte-pièce rond cannelé, découpez 12 petits disques de pâte de 12 cm de diamètre.
- Beurrez 12 moules à tartelette de 8 cm de diamètre et déposez les disques de pâte en pressant légèrement du bout des doigts sur le fond et sur les côtés. Coupez l'excédent. Piquez le fond des tartelettes à la fourchette, couvrez d'un film alimentaire et posez au frais 30 minutes.
- Préchauffez le four à 180 °C (th. 6). Faites cuire les fonds de tartelette à blanc 8 minutes. À l'aide d'un pinceau, badigeonnez-les d'œuf battu et faites cuire encore 5 minutes. Les fonds de tartelette vont dorer et garder leur croustillant. Démoulez les tartelettes sur une grille et laissez-les refroidir.
- Lissez délicatement la crème pâtissière à l'aide d'un fouet. Dans un bol refroidi 15 minutes au réfrigérateur, fouettez la crème fraîche. Incorporez délicatement cette crème fouettée dans la crème pâtissière et parfumez avec l'eau de rose.
- Garnissez les tartelettes d'un petit dôme de crème à l'aide d'une poche et d'une douille lisse de 8 mm de diamètre, et décorez de framboises et de pétales de roses. Savourez dans l'instant.

SABLÉS AUX COINGS
ÉPICÉS

POUR 12 PIÈCES
PRÉPARATION : 1 HEURE 20 ◆ CUISSON : ENVIRON 1 HEURE

500 G DE PÂTE SABLÉE AU PRALIN
ET AUX NOISETTES
(VOIR LA TARTE À LA CRÈME PAGE 122)
6 PETITS COINGS POMME, 50 G DE BEURRE
150 G DE SUCRE CRISTALLISÉ
LE ZESTE DE 1 CITRON NON TRAITÉ,
FINEMENT RÂPÉ
LE ZESTE DE 1 ORANGE NON TRAITÉE,
FINEMENT RÂPÉ
1 POINTE DE COUTEAU DE CARDAMOME MOULUE
1 POINTE DE COUTEAU D'ANIS ÉTOILÉ MOULU
1 POINTE DE COUTEAU DE CANNELLE MOULUE
12,5 CL DE VIN BLANC MOELLEUX (125 G)
POUR LA DORURE : 1 PETIT ŒUF
POUR LA DÉCORATION :
2 CITRONS PELÉS À VIF
2 ORANGES PELÉES À VIF, 20 G DE SUCRE GLACE
QUELQUES TAILLADINS DE ZESTES D'AGRUMES

◆ La veille, préparez la pâte sablée.

◆ Le jour même, préchauffez le four à 200 °C (th. 6-7).

◆ Préparez les coings. Essuyez-les avec un linge pour ôter leur fin duvet, épluchez-les, coupez-les en deux et enlevez le cœur et les pépins. Disposez les coings dans un moule à gratin beurré.

◆ Dans un bol, mélangez le sucre, les zestes et les épices, parsemez les coings de ce sucre épicé ainsi que de noisettes de beurre.

◆ Au moment d'enfourner, baissez la température à 180 °C (th. 6). Mettez à cuire 50 minutes environ. À mi-cuisson, arrosez les coings d'un filet de vin blanc.

◆ Sortez la pâte du réfrigérateur 15 minutes avant de la travailler. Sur un plan de travail légèrement fariné, étalez-la sur 2 mm d'épaisseur, puis, à l'aide d'un emporte-pièce rond cannelé, découpez 12 disques de 10 cm de diamètre. Déposez les ronds de pâte sur une plaque couverte de papier sulfurisé, en les espaçant de 3 cm afin que leur cuisson soit régulière et qu'ils ne collent pas entre eux. Piquez les fonds à la fourchette et placez-les au frais 10 minutes, couverts d'un film alimentaire.

◆ Faites cuire les fonds 8 minutes dans le four à 180 °C (th. 6). À l'aide d'un pinceau, badigeonnez la pâte d'œuf battu et laissez cuire encore 5 minutes : les fonds vont dorer et garder leur croustillant. Laissez-les refroidir sur une grille et saupoudrez-les de sucre glace.

◆ Garnissez chaque fond de coings confits et présentez ces sablés sur quelques quartiers d'agrumes frais.

◆ Ce dessert se déguste lorsque les coings sont encore tièdes.

◆ Vous pouvez également servir les tartelettes garnies de fins tailladins de zestes d'agrumes.

Le goûter de la Fée *in Pinocchio*

COLLODI

« Pinocchio promit et jura que, désormais, il étudierait et se conduirait bien.

Et il tint parole pendant tout le reste de l'année.

En effet, aux examens précédant les vacances, il eut l'honneur d'être le premier de l'école. Sa conduite fut jugée si satisfaisante que la Fée, tout heureuse, lui dit :

— Demain enfin, ton grand désir sera exaucé.

— C'est-à-dire ?

— Demain, tu cesseras d'être un pantin de bois et tu deviendras un bon petit garçon !

Qui n'a pas vu la joie de Pinocchio, à cette nouvelle tant désirée, ne réussira guère à se la représenter.

Tous ses amis et ses camarades de l'école devaient être invités, pour le lendemain, à un grand goûter dans la maison de la Fée, pour fêter en chœur le grand événement.

La Fée avait fait préparer deux cents tasses de café au lait et quatre cents petits pains beurrés.

Cette journée s'annonçait très belle et très joyeuse, mais…

Malheureusement, dans la vie des pantins, il y a toujours un mais qui gâte tout. »

LES PETITS PAINS AU LAIT DE PINOCCHIO

POUR 10 PETITS PAINS (500 G DE PÂTE)
PRÉPARATION : 45 MINUTES ◆ CUISSON : 12 À 15 MINUTES

200 + 50 G DE FARINE DE BLÉ
10 G DE LEVURE FRAÎCHE
30 G DE SUCRE SEMOULE
15 CL DE LAIT ENTIER FROID (150 G)
5 G DE SEL, 50 G DE BEURRE TEMPÉRÉ
POUR LA DORURE :
1 PETIT ŒUF

- Pour la fabrication de la pâte (voir *Le nid d'abeilles* page 50)
- Sur un plan de travail légèrement fariné, découpez la pâte en 10 morceaux égaux, et façonnez ceux-ci en petites boules fermes et lisses. Posez 5 boules sur une plaque couverte de papier sulfurisé, et 5 autres sur une seconde plaque. Couvrez d'un linge et laissez reposer 1 heure à température ambiante (22 °C).
- À l'aide d'une large lame de couteau farinée, marquez le centre de chaque petit pain en appuyant légèrement. Couvrez et laissez encore reposer 45 minutes.
- Préchauffez le four à 210 °C (th. 7). À l'aide d'un pinceau, badigeonnez les petits pains d'œuf battu. Au moment d'enfourner, baissez la température à 200 °C (th. 6-7) et mettez à cuire 12 à 15 minutes environ. Les petits pains au lait vont encore gonfler et prendre une jolie couleur dorée.
- Ces petits pains sont tout aussi jolis lorsque vous leur donnez une forme de tresse, couronne, escargot, fleur…

Index des recettes

Table des illustrations

Bibliographie

Andersen, H. C.,
  La Petite Fille aux allumettes,
  Lausanne, Edita.
Aulnoy, madame d',
  Contes, in *Le Cabinet des fées,*
  Arles, éditions Philippe Picquier, 1988.
Baridon, M.,
  Les Jardins, Paris, Robert Laffont, 1998.
Bettelheim, B.,
  La Psychanalyse des contes de fées,
  Paris, Robert Laffont, 1968.
Caroll, Lewis,
  Alice au pays des merveilles,
  trad. de Jacques Papy, éditions Pauvert,
  Paris, Folio/Gallimard, 1979.
Collodi, C., *Pinnochio,*
  trad. de Mme de Gencé, Paris,
  Hachette, Livre de Poche jeunesse, 1983.
Delarue, P. et Tenèze, M.-L.,
  Le Conte populaire français,
  Paris, Maisonneuve et Larose, 1997.
Dottenville, H., *Mythologie française,*
  Paris, édition Payot, 1973.
Grimm, J. etW., *Contes,* trad. A. Guerne,
  Paris, Flammarion, 1967.
Lafforgue, P., *Petit Poucet deviendra grand,*
  Bordeaux, Mollat éditeur, 1995.
*Le Conte de fées littéraire en France
  de la fin du XVIIᵉ à la fin du XVIIIᵉ siècle,*
  Presses universitaires de Nancy, 1981.

Li Chang Yin, *L'Oiseau bleu,*
  in Claude Roy,
  Le Voleur de poèmes,
  Paris, Mercure de France, 1981.
Leprince de Beaumont, madame,
  Contes, in *Le Magasin des enfants,*
  Arles, éditions Philippe Picquier, 1995.
Opie, Iona et Peter,
  The Classic fairy Tales,
  Oxford University Press.
Perrault, Charles,
  Contes, Paris, Hachette, 1978.
Philip, N., *English Folktales,*
  Pengouin Book, 1992.
Rowes, J. A.,
  Le Petit Bonhomme en pain d'épice,
  trad. de Michelle Nikly, ill. de John Rowe,
  Gossau, éditions Nord-Sud, 1993.
Roule Galette, trad. de Natha Caputo,
  Paris, Flammarion Père Castor.
Ségur, comtesse de,
  Nouveaux contes de fées,
  Paris, Gallimard, 1980.
Soriano, Marc, *Les Contes de Perrault,*
  Paris, éditions Gallimard, 1968.
Stahl, P.-J., *Tom Pouce,* Paris, Gallimard, 1979.
Tolkien, J. R. R., *Bilbo le Hobbit,*
  trad. de Francis Ledoux, Paris, Stock, 1969.
Wullschläger, J., *Enfances rêvées,*
  Paris, éditions Autrement, 1997.